진 짜 진 짜

한국사
교과서
논술 5권

대한 제국~현대

siso
study

저자

김경선

아들 준수에게, 조카들에게, 동네 어린 친구들에게 재미있고, 유익한 이야기를 들려주고 싶어 글을 쓰고 있습니다. 2005년에 《미래과학사전》으로 과학기술부 과학문화재단에서 우수과학도서상을 받았고, 국립중앙박물관 음성 안내 서비스 원고와 국립한글박물관 어린이 책을 집필했습니다.

과학, 역사, 문화, 철학 등 다방면에 관심을 갖고 어린이·청소년 책을 기획하고 썼습니다. 그동안 쓴 책으로는 《와글 와글 할 말 많은 세계사 1》, 《떴다! 지식 탐험대-인체, 공룡》, 《돌멩이랑 주먹도끼랑 어떻게 다를까?》, 《미니스커트는 어떻게 세상을 바꿨을까?》, 《꼰대아빠와 등골브레이커의 브랜드 썰전》, 《세상을 들여다보는 한자》, 《말공부 역사공부》, 《세상을 흔들어라 콘텐츠의 힘》 등이 있습니다.

한화주

어린이 책을 쓰고 있습니다. 친구랑 노는 것처럼 재미있고, 생각이 자라는 데 도움을 주는 글을 쓰고 싶습니다. 그동 안 쓴 책으로는 《와글와글 할 말 많은 세계사 2》, 《신통방통 거북선》, 《공부가 쉬워지는 한국사 첫걸음》, 《떴다! 지식 탐험대-민속 편·인성 편》, 《미래를 살리는 착한 소비 이야기》, 《어린이를 위한 동물 복지 이야기》, 《대한민국 도시 탐 험》, 《다문화 친구 민이가 뿔났다》, 《권정생의 호롱》 등이 있습니다.

강영주

어린이가 책을 재미있게 읽고 글을 잘 쓰는 방법을 연구하며, 국어(한글), 독해, 논술, 역사, 사회, 과학 분야에서 여러 책을 기획·집필하고 있습니다. 《고전 안에 일기 비법 있다!》가 한국출판문화산업진흥원 우수 콘텐츠로 선정되었으 며, 현재 《한국사 잡는 독해》를 〈어린이 조선〉에 연재하고 있습니다.

그동안 쓴 책으로는 《내 손으로 그리는 한국사》, 《내 손으로 그리는 세계사》, 《역사 안에 속담 있다!》, 《맞춤법 잡는 글쓰기》, 《교원 용어 한국사》, 《교원 통째로 먹는 사회·과학》, 《기탄 한글떼기》 등이 있습니다.

감수

황은희

고려대학교 역사교육과를 졸업한 뒤 서울교육대학교 대학원 사회과교육과에서 공부했습니다. 초등학교에서 아이들 을 가르치고 있으며, 그동안 쓴 책으로는 《그림으로 보는 한국사 2, 4, 5》, 《어린이들의 한국사》(공저), 《나의 첫 세계 사 여행》(공저) 등이 있습니다.

'내일 뉴스'가 되는 역사

지금도 가끔 기억나는 만화가 있어요. 제목이 〈내일 뉴스〉였는데요. 만화 속 주인공이 다른 사람들은 모르는 내일 뉴스를 보며, 다음 날 어떤 일이 일어날지 미리 아는 내용이었어요. 어릴 적 그 만화 주인공이 얼마나 부러웠는지 몰라요. 나쁜 일은 미리 막고, 좋은 일은 더 많이 경험할 수 있을 테니까요. 만약 여러분도 내일 뉴스를 볼 수 있다면 어떻게 하겠어요?

영국의 시인 바이런은 "미래에 대한 최선의 예언자는 과거다."라고 말했어요. 과거를 보면 미래를 예측할 수 있다는 뜻이죠. 과거를 기록한 역사를 돌이켜 보면, 비슷한 일이 반복되는 걸 알 수 있어요. 우리는 지금 여러분에게 내일 뉴스를 소개하려고 해요.

삼국 시대 백제, 고구려, 신라 세 나라는 차례로 고대 국가의 기틀을 마련해요. 불교로 백성들의 마음을 한데 모으고, 왕권을 강화했지요. 그리고 나라의 질서를 만들기 위해 법을 만들었어요. 이렇게 나라의 기틀을 마련하자 세 나라는 차례로 전성기를 맞아요. 전성기를 맞은 순서도 나라의 기틀을 마련한 순서와 같이 백제, 고구려, 신라 순서였지요. 아마 당시에 누군가는 나라의 기틀을 마련하면 강한 나라로 발전할 수 있다는 것을 다른 나라의 역사를 보고 알고 있었을지 몰라요.

역사를 통해 알 수 있는 내일 뉴스는 이렇게 거창한 것만 있지 않아요. 역사는 결국 사람들의 이야기지요. 우리보다 앞서 살았던 역사 속 인물들의 행동과 선택을 답안지 삼아 우리의 문제를 해결할 수 있어요. 그들의 이야기가 결국 내 삶의 내일 뉴스가 되는 것이지요.

그런데 말이에요. 무작정 역사적인 사건을 외워서는 내일 뉴스를 제대로 볼 수 없어요. 역사를 공부하고, 그 의미를 생각하는 시간이 꼭 필요해요. 옛날이야기처럼 재미있는 역사 이야기를 읽고, 그 이야기에 담긴 의미를 논술 문제를 통해 곰곰이 생각해 보세요. 그러면 역사 실력도 늘고, 나만의 내일 뉴스도 볼 수 있을 거예요. 여러분의 멋진 내일을 기원합니다!

2021년 6월 저자 일동

쉽고 재미있고 똑똑하게 만나는 한국사

《진짜 진짜 한국사 교과서 논술》은 초등 사회 교과서를 중심으로 한국사와 논술을 결합한 학습서입니다. 이야기를 읽으며 역사를 재미있게 이해하고, 마인드맵으로 역사적 맥락을 쉽게 짚고, 서술·논술형 문제로 역사적 의미를 똑똑하게 파악할 수 있습니다. 여기에 스스로 세우는 학습 계획표와 자신의 학습 능력을 평가할 수 있는 수행 평가까지 마련되어 자기 주도 학습 습관을 확실하게 잡아 줍니다.

하루 **3**장, **100**일 한국사 완성

선사~남북국   후삼국~고려   조선 건국~조선 후기   조선 후기~대한 제국   대한 제국~현대

선사 시대부터 우리가 살아가는 현대까지 한국사의 중요한 사건들을 총 5권으로 정리했습니다. 하루에 3장씩 이야기를 읽고 문제를 풀다 보면 100일 뒤에는 한국사의 전체 흐름을 이해하는 것은 물론, 역사적 안목까지 갖출 수 있어요.

만화처럼 흥미로운 스토리 한국사

안녕? 난 미루! 한국사 공부는 우리가 책임질게!

앞으로 진짜 진짜 역사 이야기를 들려줄 진쌤이야.

나는 은파야. 우리와 함께하면 한국사와 친해지는 건 시간 문제!

진쌤과 은파, 미루와 함께하는 한국사는 지루하거나 어렵지 않습니다. 진쌤의 친절하고 꼼꼼한 설명과 은파와 미루의 톡톡 튀는 대화는 역사 이야기에 더욱 집중할 수 있게 해 줍니다.

어떻게 공부할까?

❶ 나만의 학습 계획표 짜기

하루에 하나씩 이야기를 읽고 1장의 문제로 점검합니다. 그럼 20일에 한 권을 완성할 수 있어요. '진짜 진짜 나만의 학습 계획표'를 보면서 스스로 학습 계획을 세워 보세요.

❷ 연표로 예상하기

본격적으로 이야기를 읽기 전, 공부할 내용을 미리 생각해 볼 수 있도록 구성했습니다. 대표 그림과 제목을 보고 무엇을 이야기하는지 예상해 보세요. 또, 연표와 사진 등을 통해 어떤 사건이 일어났는지 확인한 다음, 앞으로 무슨 이야기가 펼쳐질지 미리 짐작해 보세요.

❸ 한국사 이야기 읽기

호기심 많은 은파와 미루, 친절하고 명쾌한 진쌤과 함께 한국사 이야기를 읽어 보세요. 이야기는 초등 사회 교과서를 중심으로 구성했으며, 중·고등 교과서에 실린 내용도 쉽게 풀어 다루었습니다. 교과 과정에서 꼭 다루는 역사적 사건을 비롯해 주요 인물, 역사 용어, 문화유산 등을 모두 담았습니다.

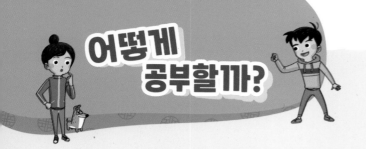

❹ 풍부한 자료 읽기

어려운 단어가 있더라도 걱정하지 마세요. 내용을 쉽게 이해할 수 있도록 낱말과 역사 용어의 뜻풀이는 물론, 한자어까지 풀어놓았어요. 또한 당시 상황을 한눈에 알 수 있는 삽화와 정보를 담은 지도, 생생한 문화유산 사진 등 풍부한 시각적 자료를 제시해 읽고 해석하는 능력과 탐구 능력을 기를 수 있습니다.

❺ 핵심 콕콕 역사 퀴즈

이야기를 다 읽은 뒤에는 역사 퀴즈를 풀어 보세요. 핵심만 딱 짚어 주는 사건 및 용어를 바탕으로 문제를 구성했습니다. 어렵고 딱딱한 시험이 아니라 마치 게임을 하듯 재미있게 문제를 풀 수 있습니다.

❻ 서술·논술 완벽 대비

핵심 개념을 퀴즈로 풀었다면, 이제 공부한 내용을 바탕으로 사고력을 높일 수 있는 서술 및 논술형 문제를 풀 차례입니다. 역사의 주요 사건을 중심으로 원인과 결과를 분석하고, 자신의 생각을 정리해 볼 수 있습니다.

❼ 한눈에 쏙 마인드맵

한 주 과정을 모두 마치고 난 다음, 역사적 사건과 맥락을 마인드맵으로 요약·정리합니다. 주요 사건의 앞뒤 상황을 이해하고 내용의 흐름을 한눈에 파악할 수 있습니다. 시험에 자주 나오는 핵심 개념 중심으로 정리한 마인드맵으로 체계적인 학습을 해 보세요.

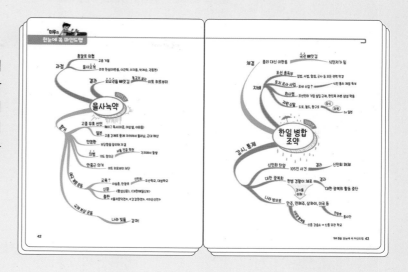

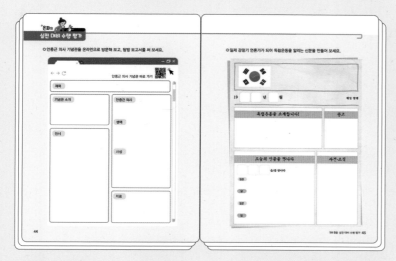

❽ 실전 대비 수행 평가

앞서 읽은 내용을 스스로 정리하며 마무리하는 활동입니다. 수행 평가를 미리 학습할 수 있어 교과 과정을 따라가는 데에도 효과적입니다. 다양한 활동으로 구성한 수행 평가로 자기 주도 학습 능력을 길러 보세요.

부록

❶ 연표로 보는 한국사

각 권마다 시대별 주요 인물과 사건, 문화유산 등을 쭉 훑어볼 수 있는 연표가 수록되어 있습니다. 시대별 변화를 비교해 보며 역사와 문화, 인물, 생활 등을 한눈에 펼쳐 보세요.

❷ 마인드맵 노트

역사적 핵심 개념을 한눈에 확인하는 마인드맵을 직접 그려 보세요. 꼭 알아야 할 역사적 주요 사건이나 인물, 문화유산 등을 채우며 한국사 지식을 더욱 탄탄하게 쌓을 수 있습니다.

진짜진짜 교과 관련 연계 학습표

권	관련 교과
1권 선사 ~ 남북국	**초등** [사회 5-2] 1. 옛사람들의 삶과 문화 ⑴ 나라의 등장과 발전 **중등** Ⅰ. 선사 문화와 고대 국가의 형성 Ⅱ. 남북국 시대의 전개
2권 후삼국 ~ 고려	**초등** [사회 5-2] 1. 옛사람들의 삶과 문화 ⑵ 독창적 문화를 발전시킨 고려 **중등** Ⅲ. 고려의 성립과 변천
3권 조선 건국 ~ 조선 후기	**초등** [사회 5-2] 1. 옛사람들의 삶과 문화 ⑶ 민족 문화를 지켜 나간 조선 **중등** Ⅳ. 조선의 성립과 발전
4권 조선 후기 ~ 대한 제국	**초등** [사회 5-2] 2. 사회의 새로운 변화와 오늘날의 우리 ⑴ 새로운 사회를 향한 움직임 **중등** Ⅴ. 조선 사회의 변동
5권 대한 제국 ~ 현대	**초등** [사회 5-2] 2. 사회의 새로운 변화와 오늘날의 우리 ⑵ 일제의 침략과 광복을 위한 노력 ⑶ 대한민국 정부의 수립과 6·25 전쟁 **초등** [사회 6-1] 1. 우리나라의 정치 발전 ⑴ 민주주의의 발전과 시민 참여 2. 우리나라의 경제 발전 ⑵ 우리나라의 경제 성장 **중등** Ⅵ. 근·현대 사회의 전개

* 중학교 역사 교과서는 금성출판사를 바탕으로 기재했습니다.

진짜진짜 나만의 학습 계획표

1주

1909년

안중근
이토 히로부미 처단

1910년

국권 피탈
토지 조사 사업 시작

1911년

105인 사건
신흥 강습소 설립

외교권을 빼앗긴 을사늑약

고종 황제가 대한 제국을 선포하고 개혁을 펼친 뒤로 어떻게 되었어요?

그렇지 못했단다. 대한 제국의 상황은 더욱 힘겨워졌지.

일본이나 러시아 같은 다른 나라의 간섭에서 벗어났나요?

고종 황제는 다른 나라의 간섭을 물리치려고 애썼어. 하지만 일본과 러시아는 우리나라를 서로 차지하겠다며 으르렁거렸지. 결국 일본 함대가 러시아 함대를 기습 공격하면서 전쟁이 벌어졌단다. 전쟁은 일본의 승리로 끝이 났어. 전쟁에서 이긴 일본은 대한 제국을 마음대로 지배하기 위해 이토 히로부미를 특사로 보냈지.

조약 국가와 국가가 문서로 맺은 약속

1905년 11월 17일 이토 히로부미는 고종 황제가 머무는 경운궁을 일본 군사들로 에워싼 뒤, 총칼을 찬 일본 헌병을 거느리고 궁궐로 들어왔어. 그러고는 회의를 열어 고종 황제에게 조약을 맺자고 강요했지. 조약에는 대한 제국의 외교권을 일본에 내준다는 내용이 담겨 있었단다.

경운궁 앞의 일본군 을사늑약을 강제로 맺을 때, 일본군이 경운궁(지금의 덕수궁) 앞을 에워싸며 경계하는 모습이야.

외교권은 한 나라가 주권을 갖고 다른 나라와 정치적, 문화적 관계를 맺을 수 있는 권리야. 그러니 외교권을 넘기는 조약을 맺자는 건, 대한 제국의 주권을 일제에 내놓으라는 뜻이나 마찬가지였어.

"그런 조약을 맺을 수 없다!"

고종 황제는 단호하게 거절했어. 그러자 이토 히로부미는 대한 제국의 대신들을 불렀어. 고종 황제 대신 조약에 서명하라며 대신들을 위협했지. 반대하는 대신은 회의장 밖으로 끌고 나가 버렸단다. 결국 이완용, 이근택, 이지용, 박제순, 권중현 다섯 명의 대신이 조약에 찬성했고, 이토 히로부미는 조약을 맺었다고 선포했지. 이른바 을사늑약이 맺어진 거야.

1905년, 대한 제국과 일제가 맺은 을사늑약은 정상적인 조약이 아니었어. 고종 황제가 동의하지 않았고, 일제가 대신들을 위협해 강제로 체결했으니까.

주권 나라의 주인된 권리

일제 일본 제국주의를 줄인 말로, 제국주의는 다른 민족이나 나라를 침략해서 대국가를 건설하려는 것을 말해.

늑약 강제로 맺은 조약

덕수궁 중명전 이곳에서 을사늑약이 강제로 체결되었어. 2009년에 대한 제국 당시의 모습으로 복원했지.

1905년 을사늑약을 체결한 후 대관정에서 찍은 사진이야. 이토 히로부미(앞줄 왼쪽 다섯 번째)와 이완용(앞줄 오른쪽 세 번째), 박제순(앞줄 오른쪽 두 번째)의 모습을 볼 수 있어.

을사늑약을 맺은 일제는 대한 제국의 정치에 간섭하기 위해 수도 한성에 '통감부'라는 관청을 설치하고, 이토 히로부미를 통감부의 우두머리인 통감으로 임명했지.

을사늑약이 체결되었다는 사실이 알려지자, 대한 제국의 국민은 몹시 분노했어. 자기의 이익과 권세를 위해 을사늑약에 찬성한 다섯 명의 대신을 '을사오적'이라고 부르며 비난했지. 을사늑약을 없던 걸로 해야 한다는 상소가 빗발쳤고, 상인과 학생들까지 일제를 규탄했어. 을사늑약의 부당함을 알리고자 스스로 목숨을 끊어 자신의 뜻을 전한 사람들도 있었단다. 민영환은 다음과 같은 글을 남기고 스스로 목숨을 끊었어.

統 거느릴 **통**
監 볼 **감**
府 마을 **부**
일제가 대한 제국의 안녕과 질서를 유지한 다며 세운 통치 기구

죽음으로 일제에 저항한 민영환

규탄 잘못이나 옳지 못한 일을 잡아내어 따지고 나무람

오호! 나라의 치욕과 백성의 욕됨이 이에 이르렀으니….

나 민영환은 한 번 죽음으로 황제의 은혜에 보답하고 우리 2천만 동포 형제에게 사죄하려 하노라. 그러나 나는 죽어도 죽지 않고 저승에서라도 사람들을 기어이 도우리라.

동포 형제들은 천만 배 더욱 기운을 내어 힘쓰고, 의지를 굳게 하고, 학문에 힘쓰며, 한마음으로 힘을 다해 우리의 자유 독립을 회복하면 죽어서라도 마땅히 저세상에서 기뻐 웃으리라.

오호! 조금도 실망하지 말지어다. 대한 제국 2천만 동포에게 죽음을 고하노라.

―경고 대한 2천만 동포 유서―

고종 황제는 을사늑약이 무효라고 선언했어. 1907년에는 네덜란드 헤이그로 특사를 보냈지. 일제의 강압 때문에 부당하게 맺어진 조약이라는 사실을 전 세계에 알리기 위해서야. 이 무렵 헤이그에서는 '만국 평화 회의'가 열려서 세계 여러 나라의 외교관이 모여 있었거든.

헤이그에 특사로 간 이준, 이상설, 이위종은 만국 평화 회의에 참가해 을사늑약의 부당함을 알리려고 했어. 하지만 그들은 회의장 안으로 들어갈 수가 없었지. 일본이 대한 제국은 외교권이 없다며 방해한 거야. 이준은 너무도 원통하고 분해서 음식조차 먹지 못하다가 헤이그에서 안타깝게 세상을 떠나고 말았어.

일제의 횡포는 그것으로 끝이 아니었어. 일제는 헤이그에 특사를 보냈다는 이유로, 고종을 협박해 황제 자리에서 물러나게 했어. 그러고는 뒤를 이은 순종 황제를 압박해서 대한 제국의 군대마저 해산해 버렸단다.

특사 특별한 임무를 띠고 파견되는 사람

만국 평화 회의 제국주의 국가들 간의 군사 충돌이 격해지자 여러 나라의 대표가 모여 군사비 축소와 세계 평화를 논의한 국제회의

▲ 헤이그에 특사로 간 이준, 이상설, 이위종(왼쪽부터)의 모습이야.

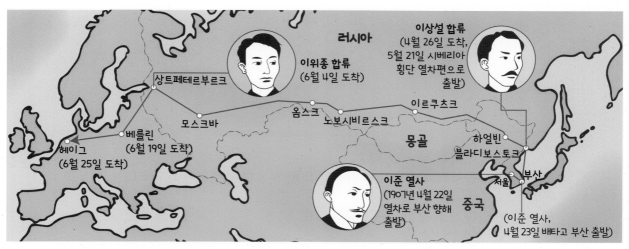

러시아

이위종 합류
(6월 4일 도착)

이상설 합류
(4월 26일 도착,
5월 21일 시베리아
횡단 열차편으로
출발)

상트페테르부르크

이르쿠츠크

모스크바

옴스크

노보시비르스크

몽골

하얼빈

블라디보스토크

베를린
(6월 19일 도착)

헤이그
(6월 25일 도착)

부산

서울

중국

이준 열사
(1907년 4월 22일
열차로 부산 향해
출발)

(이준 열사,
4월 23일 배타고 부산 출발)

▲ **헤이그 특사 이동 경로** 특사들은 꼬박 두 달이 걸려 헤이그에 도착했지만 회의에 참석할 수 없게 되자 각국 대표에게 비공식 경로를 통해 일제의 침략상을 알리는 글을 보내고 〈평화회의보〉에 글을 발표했어.

핵심 콕콕 역사 퀴즈

○ 다음 빈칸에 들어갈 알맞은 말을 초성 힌트를 참고해 써 보세요.

(1) 을사늑약에는 대한 제국이 일제에 ☐☐☐ 을/를 내준다는 내용이 담겨 있다.

초성 힌트: ㅇ ㄱ ㄱ

(2) 자기의 이익과 권세를 위해 을사늑약에 찬성한 다섯 명의 대신을 ☐☐☐☐ (이)라고 불렀다.

초성 힌트: ㅇ ㅅ ㅇ ㅈ

(3) 을사늑약을 맺은 일제는 대한 제국의 정치에 간섭하기 위해 수도 한성에 ☐☐☐ (이)라는 관청을 설치했다.

초성 힌트: ㅌ ㄱ ㅂ

(4) 고종 황제는 을사늑약이 일제의 강압에 의해 부당하게 맺어진 조약이라는 사실을 전 세계에 알리기 위해 네덜란드 헤이그로 ☐☐ 을/를 보냈다.

초성 힌트: ㅌ ㅅ

서술·논술 완벽 대비

❶ 을사늑약이 정상적으로 맺어진 조약이 아닌 까닭을 써 보세요.

🖉

❷ 자신이 헤이그 특사라고 상상하며, 전 세계에 알리고 싶은 것을 써 보세요.

🖉

을사늑약에 맞서는 의병들

외교권을 빼앗고, 고종도 몰아내고, 군대마저 해산시키다니!

어휴! 화가 나서 참을 수가 없어요!

대한 제국의 국민들은 오죽했겠니.

을사늑약이 체결되자 나라 곳곳에서 의병이 일어났어. 이들을 '을사의병'이라고 해. 의병들은 을사늑약을 당장 무효로 만들라며 일본군과 맞서 싸웠지.

을사의병 가운데는 농민도 많았어. 또, 신돌석 같은 평민 출신 의병장도 있었지. 신돌석은 을미사변이 일어났을 때 열아홉 살의 나이로 의병을 일으켰던 인물이야. 을사늑약이 체결된 뒤에는 태백산맥을 따라 강원도와 경상도, 충청도에서 활약했어.

을미사변 1895년에 일본 자객들이 경복궁을 습격해 명성황후를 죽인 사건

고종이 강제로 황제 자리에서 물러나고 대한 제국의 군대마저 해산되자, 의병 항쟁은 더욱 거세졌어. 해산당한 대한 제국의 군인들도 의병이 되어 일제에 맞섰지.

"각 지역에서 활동하는 의병들이 하나로 뭉치면 어떻겠소?"

항일 의병 영국 〈데일리 메일〉의 기자로 지낸 프레드릭 맥켄지가 찍은 항일 의병의 모습이야.

"좋소! 전국의 의병이 힘을 합해 일제를 몰아냅시다!"

전국의 의병 부대는 하나로 뭉쳐 '13도 창의군'을 만들고 수도에서 일본군을 몰아내기 위해 '서울 진공 작전'을 펼쳤지. 이들은 서울 동 대문까지 갔지만 막강한 무기로 무장한 일본군이 반격하는 바람에 뜻을 이루지는 못했어.

진공 적을 치기 위해 앞으로 나아감

그렇다고 의병 항쟁이 끝난 건 아니야. 이들은 다시 각자의 지역으로 돌아가 의병 항쟁을 계속했어. 특히 호남 지방에서 의병 항쟁이 활발하게 일어났지. 그러자 일제는 '남한 대토벌 작전'을 펼쳐서 호남 의병을 체포하거나 죽였어. 힘없는 국민마저 의병을 도와주었다는 이유로 마구 해쳤지.

호남 전라북도와 전라남도

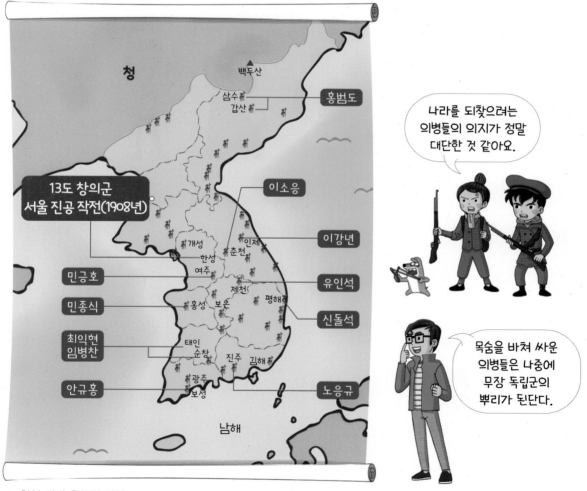

▲ 항일 의병 운동의 전개

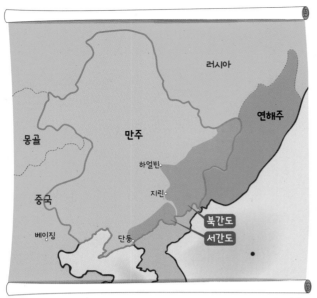

▲ **만주, 연해주, 간도 위치** 해외 항일 투쟁의 근거지이자 많은 조선인이 이주했던 곳이야.

일제의 탄압이 심해지자, 의병들은 만주나 연해주 등 나라 밖으로 향했어. 그곳에서 일본에 대항하는 투쟁을 이어갔단다.

그로부터 몇 년 뒤, 1909년 10월 26일 만주 하얼빈역에서 총소리가 울렸어. 총에 맞은 사람은 이토 히로부미였지. 이토 히로부미 기억하지? 강제로 을사늑약을 맺게 하고 통감부의 통감이 된 일본인 말이야. 과연 누가 이토 히로부미에게 총을 겨누었을까?

彈 탄알 **탄**
壓 누를 **압**
권력이나 무력으로 억눌러 꼼짝 못 하게 함

안중근 의사요!

정답! 안중근 의사는 여러 방법으로 독립 운동을 벌이던 인물이었어.

여러 방법이라니요?

義 옳을 **의**
士 선비 **사**
나라와 민족을 위하여 의로운 행동으로 목숨을 바친 사람

안중근 의사는 실력을 길러서 주권을 되찾아야 한다는 애국 계몽 운동을 벌였고, 나라의 빚을 갚자는 국채 보상 운동에도 참여했지. 그러다 연해주로 건너가 의병 활동을 하고 있었어.

안중근은 대한 제국 침략에 앞장서고 있는 이토 히로부미를 그대로 두어서는 안 된다고 생각했어. 그러던 때에 이토 히로부미가 만주 하얼빈으로 온다는 소식을 듣게 된 거야. 안중근은 뜻을 같이 하는 동지들과 이토 히로부미를 처단할 계획을 세웠어.

이윽고 안중근은 하얼빈역에서 내리는 이토 히로부미를 향해 총을 쏘았어. 이토 히로부미는 그 자리에서 죽었지.

안중근은 체포되면서도 러시아 말로 '대한 제국 만세!'를 외쳤어.

"코레아 우라!"

안중근은 뤼순 감옥에 갇혀 지내며 일본 재판관에게 재판을 받았어.

"이토 히로부미를 죽인 이유가 무엇인가?"

일본 재판장이 묻자, 안중근은 당당하게 말했지.

"이토 히로부미가 동양의 평화를 어지럽혔기 때문에 대한 의병 중장의 자격으로 죄인을 처단했다!"

"일본이 보호해 주겠다고 하지 않았는가?"

"을사늑약을 강제로 체결한 까닭은 무엇인가? 통감부를 설치하고, 일제에 항의하는 국민들을 무참히 학살한 까닭은 무엇인가? 이토 히로부미는 우리를 보호해 주지 않았으며, 일본은 우리나라를 집어삼키려 하고 있다!"

안중근의 말은 구구절절 옳았어. 하지만 일본 재판관은 안중근에게 사형을 선고했지. 뤼순 감옥에 갇혀 있던 안중근은 1910년 3월에 순국했단다.

虐 사나울 학
殺 죽일 살
가혹하게 마구 죽임

殉 따라 죽을 순
國 나라 국
나라를 위하여 목숨을 바침

▲ 안중근 의사가 사형 선고를 받기 이틀 전 모습이야. 안중근은 죽은 뒤 자신의 뼈를 하얼빈 공원 근처에 묻었다가 광복이 되면 다시 가져와 조국의 땅에 묻어 달라고 부탁했어.

핵심 콕콕 역사 퀴즈

○ 다음 설명이 맞으면 ○표, 틀리면 ✕표에 색칠해 보세요.

(1) 을사늑약이 체결되자 나라 곳곳에서 의병이 일어났다.

○ ✕

(2) 신돌석은 양반 출신 의병장이었다.

○ ✕

(3) 대한 제국의 군대가 해산되자 의병 항쟁은 더 이상 일어나지 않았다.

○ ✕

(4) 일제의 탄압이 심해지자 의병들은 만주, 연해주 등 나라 밖에서 투쟁했다.

○ ✕

(5) 13도 창의군은 서울 진공 작전을 펼쳐 수도에서 일본군을 몰아냈다.

○ ✕

(6) 안중근은 하얼빈 역에서 이토 히로부미를 총으로 쏜 뒤, 감옥에 갇혔다.

○ ✕

서술·논술 완벽 대비

① 을사의병이 무엇인지 아는 대로 써 보세요.

② 자신이 안중근 의사가 되었다고 상상하며, 일본 재판관의 물음에 답해 보세요.

재판관 : 이토 히로부미를 죽인 이유가 무엇인가?

안중근 의사 :

재판관 : 일본이 보호해 주겠다고 하지 않았는가?

안중근 의사 :

애국 계몽 운동과 국채 보상 운동

을사늑약이 체결되자 지식인들은 걱정이 커졌어.

"이대로 가다가는 일제에 나라를 완전히 빼앗길지도 모르오."

"나라를 지키기 위해서는 의병처럼 총칼을 들고 싸우는 것도 중요하지만, 교육을 통해 실력을 기르는 일도 중요합니다."

이렇게 해서 시작된 운동이 바로, '애국 계몽 운동'이야. 나라를 사랑하는 마음으로, 실력을 길러서 일본을 물리치자는 거지.

이승훈과 안창호를 비롯한 지식인들은 '신민회'라는 비밀 단체를 만들었어. 곳곳에 학교를 세워서 학생들을 가르치기 시작했지. 평안북도 정주의 '오산 학교', 평양의 '대성 학교' 등 1906년부터 1909년까지 크고 작은 학교가 5천여 개나 설립되었단다.

▲ 애국 계몽 운동과 민족 경제 운동이 활발한 지역

오산 학교가 문을 연 날, 이승훈은 다음과 같은 연설을 했어.

"나라가 기울어 가는데 그저 앉아만 있을 수 있겠는가? 이 아름다운 강산, 조상들이 지켜 온 땅을 일본인에게 내어 줄 수 있겠는가? 총을 드는 사람, 칼을 드는 사람도 있어야 할 것이다. 그러나 그보다 중요한 것은 백성이 깨어나는 것이다.
(…중략…)
내가 이 학교를 세우는 것도 후배를 가르쳐 만분의 일이라도 나라에 도움이 되기를 원하기 때문이다."

몸과 정신을 크게 키워야 나라 힘도 커진다는 뜻이네요.

아는 것이 힘이다!

그렇지! 이 무렵에는 언론 활동도 활발했어.

〈황성신문〉은 애국 계몽 운동을 지지하는 기사를 자주 실었어. 또한 당시에는 신문들이 대부분 한문을 사용했지만, 〈황성신문〉은 많은 사람이 읽을 수 있도록 한글도 함께 사용했어. 〈대한매일신보〉는 의병 항쟁을 널리 알렸단다.

애국심을 높이기 위한 책들도 출판되었어. 《을지문덕전》, 《강감찬전》, 《이순신전》 등 우리 민족의 영웅에 관한 전기가 나왔지.

계몽 지식수준이 낮거나 예전의 풍습을 그대로 따르려는 사람을 가르쳐서 깨우침

국채 보상 영수증 국채 보상 운동 당시 국채보상회 지부에서 발행한 영수증이야.

국채 나라가 지고 있는 빛

'국채 보상 운동'은 우리 정부가 일본에 진 빚을 국민이 대신 갚자는 운동이야. 사실 대한 제국이 빚을 지게 된 건 일본 때문이었어. 그동안 일본은 대한 제국이 발전하려면 새로운 시설을 만들어야 한다면서 일본 은행에 돈을 빌리도록 했거든.

그 돈은 고스란히 통감부의 주머니로 들어갔어. 통감부는 제멋대로 돈을 사용했지. 일본 경찰의 수를 늘리고, 일본인을 위한 시설을 짓는 데 펑펑 썼단다. 1907년이 되자, 빌린 돈에 이자까지 붙어서 대한 제국이 갚아야 할 돈은 1300만 원으로 불어났어. 당시에 1300만 원은 대한 제국이 도저히 갚을 수 없을 만큼 큰돈이었어. 게다가 빚을 갚지 못했다는 이유로 일제가 어떤 부당한 요구를 할지 알 수 없었지.

대한 제국 국민은 너나없이 국채 보상 운동에 참여했단다. 남자들은 담배를 끊고 그 돈을 냈어. 여자들은 반찬 값을 아끼고, 비녀와 가락지 같은 귀금속을 팔아 돈을 마련했지. 많은 국민이 국채 보상 운동에 참여해 넉 달 동안 230만 원이라는 큰돈을 모았어.

일제로부터 나라를 지키려고 돈을 모은 거네요.

저도 참여하고 싶어요.

탈
탈
띵

언론도 나서서 참여를 격려했지.

　국채 보상 운동은 1907년 대구에서 처음 시작되어 전국으로 퍼져 나갔어. 이때 〈황성신문〉, 〈대한매일신보〉 같은 신문이 사람들에게 널리 알리는 역할을 했지.

　하지만 통감부는 이를 두고 보지 않았어. 국채 보상 운동을 진행하는 사람들에게 돈을 가로챘다는 누명을 씌웠지. 결국 일제의 방해로 국채 보상 운동은 중단되고 말아. 그래도 국채 보상 운동은 국민이 한마음으로 뭉쳐서 일제의 경제적 침략을 물리치려는 뜻이 담겨 있는 중요한 활동이야.

〈황성신문〉 1898년 창간한 신문이야. 을사늑약을 비판하는 글을 실어서 일제의 탄압을 받기 시작했어.

〈대한매일신보〉와 베델 영국인 베델은 양기탁과 함께 〈대한매일신보〉를 만들어 일제의 침략을 비판했어.

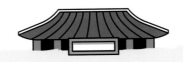

핵심 콕콕 역사 퀴즈

◯ 다음 설명이 맞으면 ◯표, 틀리면 ✕표 해 길을 찾아 보세요.

출발!

(1) 애국 계몽 운동에는 나라를 사랑하는 마음이 담겨 있다.

(2) 신민회는 독립운동 단체로 애국 계몽 운동을 이끌었다.

(3) 애국 계몽 운동은 우리 정부가 일본에 진 빚을 국민이 대신 갚자는 운동이다.

(4) 국채 보상 운동은 대구에서 시작되어, 전국으로 퍼졌다.

크르릉
화악

도착!

(5) 국채 보상 운동이 성공해서 일본에 진 빚을 갚을 수 있었다.

서술·논술 완벽 대비

❶ 다음 글은 오산 학교가 문을 연 날, 이승훈이 한 연설 중 일부입니다. 이 글을 보고 애국 계몽 운동이 무엇인지 써 보세요.

> "이 아름다운 강산, 조상들이 지켜 온 땅을 일본인에게 내어 줄 수 있겠는가? 총을 드는 사람, 칼을 드는 사람도 있어야 할 것이다. 그러나 그보다 중요한 것은 백성이 깨어나는 것이다.
> (… 중략 …) 내가 이 학교를 세우는 것도 후배를 가르쳐 만분의 일이라도 나라에 도움이 되기를 원하기 때문이다."

🖉

❷ 다음은 어떤 독립운동을 나타낸 그림일까요? 빈칸에 알맞은 이름을 쓰고, 그에 대한 설명을 써 보세요.

나라의 빚을 갚는 데 힘을 보태야지요.

🖉

식민지가 되다

을사늑약이 체결된 뒤, 일제를 몰아내기 위해 무척 애썼군요.

하지만 번번이 일제의 방해로 뜻을 이루지 못했고요.

결국 대한 제국은 일제의 식민지가 되고 말았지.

끄아아

털썩

총리대신 대한 제국 때 국무총리를 이르던 말

植 심을 **식**
民 백성 **민**
地 땅 **지**
정치적, 경제적으로 다른 나라에 지배되어 국가로서의 주권을 상실한 나라

　1910년 8월, 대한 제국의 총리대신 이완용은 통감부의 통감 데라우치와 '한일 병합 조약'을 맺었어. 이 조약에는 대한 제국의 모든 통치권을 일본에 넘긴다는 내용이 들어 있었지. 이로써 대한 제국은 일제의 식민지가 되었어. 일제가 우리나라를 강제로 지배하는 일제 강점기가 시작되었단다.

　일제는 식민지가 된 우리나라를 지배하기 위해 통감부를 없애고 '조선 총독부'를 세웠어. 조선 총독부의 우두머리를 '조선 총독'이라고

일장기가 걸린 경복궁 근정전 1915년 10월 '조선 물산 공진회'라는 이름의 박람회 개막식이 경복궁에서 열렸어. 조선 총독부는 5년 동안 조선을 어떻게 통치했는지 보여 주기 위해 박람회를 열었단다.

했지. 한일 병합 조약을 맺은 데라우치가 첫 번째 조선 총독이 되었단다. 조선 총독은 입법, 사법, 행정, 군사 등 모든 권력을 쥐고 있었어. 제멋대로 우리나라를 다스릴 수 있게 된 거야.

일제는 무력으로 우리나라를 지배하는 '무단 통치'를 시작했어. '헌병 경찰'을 만들어서 한국인을 엄격하게 감시하고 통제했지. 일제는 헌병 경찰에게 재판 없이도 한국인을 가두거나 한국인에게 형벌을 내릴 수 있는 권한을 주었단다.

무단 통치 군대나 경찰 따위의 군사상의 힘으로 행하는 정치

"헌병 경찰의 비위를 거스르지 않도록 조심해야 해."

"잘못한 게 없어도 헌병 경찰의 말 한마디면 태형을 맞을 수 있다는군."

태형은 사람을 나무틀에 엎드리게 하고 매를 때리는 가혹한 형벌이야. 태형을 맞으면 대부분 큰 상처를 입게 되고, 자칫하면 죽을 수도 있지. 일제는 헌병 경찰뿐 아니라, 관청에서 일하는 관리와 학교 선생님도 제복을 입고 칼을 차게 했어. 언제 어디서나 한국인을 위협하며 통제하기 위해서였지.

일제는 1910년부터 '토지 조사 사업'을 실시했어. 정해진 기간 안에 토지를 직접 신고한 사람만 땅의 주인으로 인정하겠다는 거야. 일제는 토지 조사 사업을 통해 그동안 기록에서 빠져 있던 땅의 주인을 찾아냈어. 그러고는 땅 주인들에게 세금을 거두어 소득을 늘렸지.

미처 신고하지 못한 사람의 땅이나 대한 제국 황실의 소유였던 땅 등은 주인이 없는 땅이라며 자기들이 차지했지. 조선 총독부는 이 땅의 일부를 '동양 척식 주식회사'에 넘겼어. 동양 척식 주식회사는 일본에서 우리나라로 온 일본인들에게 땅을 헐값에 팔아넘겼지.

게다가 일제는 우리나라 농민들의 '경작권'을 인정해 주지 않았어. 경작권이란 땅 주인에게 일정한 돈을 내고 땅을 빌려서 농사를 지을

동양 척식 주식회사 일제가 우리나라의 토지와 자원을 수탈하기 위해 만든 기관

조선 총독부 임시 토지 조사국에 소속된 기술원이 토지를 측량하는 모습이야.

수 있는 권리야. 조선 후기부터 우리나라에서는 경작권도 재산으로 인정해 주었어. 자손에게 경작권을 물려줄 수도 있었단다. 그런데 일제가 경작권을 인정하지 않으니, 많은 농민이 대대로 농사짓던 땅에서 쫓겨날 처지에 놓였지. 결국 농민들은 지주에게 소작료를 내고 땅을 빌려서 농사를 지을 수밖에 없었어. 높은 소작료를 감당하지 못해서 고향을 떠나는 농민들도 있었지.

小 작을 **소**
作 지을 **작**
料 헤아릴 **료**
다른 사람의 땅을 빌려 농사를 짓는 대가로 지주에게 주는 사용료

대대로 농사 짓던 땅을 하루아침에 빼앗기다니!

농부들은 앞으로 어떻게 살아가라는 거죠?

후

땅을 빼앗긴 농부들은 살길이 막막했지.

파바박

일제는 회사를 세울 때, 조선 총독부의 허가를 받도록 했어. 철이나 석탄을 캐거나, 물고기를 잡을 때도 조선 총독부의 허가를 받으라고 했지. 그러면서 조선 사람들이 회사를 세우는 걸 엄격하게 규제했어. 반대로 일본 사람들이 회사를 세우거나 광업, 어업을 하는 것은 쉽게 허락했단다. 우리나라의 광물 자원이나 수산 자원까지 일제의 차지가 된 거야. 일제는 서둘러 도로를 닦고, 철도를 놓고, 항구도 만들었어. 우리나라에서 얻는 갖가지 자원을 일본으로 실어 가기 위해서였지.

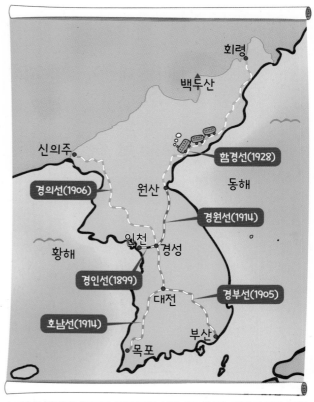

회령
백두산
신의주
함경선(1928)
동해
경의선(1906)
원산
경원선(1914)
인천
경성
황해
경인선(1899)
대전
경부선(1905)
호남선(1914)
부산
목포

▲ **일제 강점기 철도망** 한반도의 사방 끝부분을 대각선으로 꿰뚫는 철도망이 일제에 의해 갖춰졌어.

핵심 콕콕 역사 퀴즈

○ 빈칸에 들어갈 알맞은 말을 초성을 보고 글자판에서 골라 써 보세요.

(1) ㅎ ㅇ ㅂ ㅎ ㅈ ㅇ 에는 대한 제국의 모든 통치권을 일본에 넘긴다는 내용이 들어 있었다.

(2) 일제는 식민지가 된 조선을 지배하기 위해 통감부를 없애고 ㅈ ㅅ ㅊ ㄷ ㅂ 을/를 세웠다.

(3) 일제는 우리나라를 무력으로 지배하는 ㅁ ㄷ ㅌ ㅊ 을/를 시작했다.

(4) ㅌ ㅈ ㅈ ㅅ ㅅ ㅇ 을/를 실시해서 세금을 늘렸다.

서술·논술 완벽 대비

❶ 일제는 헌병 경찰을 만들었어요. 헌병 경찰이 오늘날의 경찰과 다른 점이 무엇인지 써 보세요.

❷ 일제가 우리나라에 철도망을 갖춘 이유가 무엇인지 써 보세요.

독립운동을 위해 나라 밖으로

식민지가 된 뒤로도 계속 독립운동이 이어졌나요?

엄격한 무단 통치로 쉽지 않았을 것 같아요.

그랬지. 일제는 독립운동을 막기 위해 온갖 방법을 동원했단다.

基 터 **기**
地 땅 **지**
군대 활동의 기점이
되는 근거지

　애국 계몽 운동을 펼쳤던 신민회를 기억하니? 곳곳에 학교를 세웠던 단체 말이야. 일본의 식민지가 된 뒤에도 신민회는 활동을 계속했어. 애국 계몽 운동을 벌이는 한편, 나라 밖에 무관 학교와 독립군 기지를 세우려고 했지. 그러자 일제가 신민회를 없앨 음모를 꾸몄어.

　"조선인들이 조선 총독부의 데라우치 총독을 암살하려다 실패했다! 신민회의 짓이니 모조리 체포하라!"

　일제는 거짓 사건을 만들어서 신민회 회원을 비롯해 여러 독립운동가를 잡아갔어. 600여 명이나 되는 사람들을 체포해 혹독하게 고문하고, 그 가운데 105명에게 유죄 판결을 내렸단다. 이 일을 '105인 사건'이라고 해. 105인 사건으로 신민회는 힘을 잃고 해체되었지.

　국내에서 독립운동을 벌인 단체 가운데는 '대한 광복회'도 있었어. 대한 광복회는 무장 투쟁으로 독립을 이룰 계획을 세웠어. 무장 투쟁은 무기를 들고 전투를 벌여서 일본군을 몰아내는 걸 말해.

이를 위해 대한 광복회는 만주에 무관 학교를 세우고 독립군을 기르려고 했어. 전투에 필요한 무기를 살 돈을 모으고, 식량도 준비했지. 게다가 친일파를 처단하는 활동까지 벌였어. 그러자 헌병 경찰이 대한 광복회 회원들을 쫓기 시작했어. 결국 많은 회원이 체포되면서 대한 광복회의 활동도 중단되었지.

親 친할 **친**
日 날 **일**
派 갈래 **파**
일본과 친하게 지내는 무리

일제의 감시와 통제로 나라 안에서 독립운동을 하는 게 힘들어지자, 독립운동가들은 나라 밖으로 향했어. 만주, 연해주, 상하이, 미국 등으로 가서 독립운동을 벌였지. 특히 만주와 연해주에서 독립운동을 하는 경우가 많았어. 이곳은 우리나라와 가깝고, 일제의 토지 조사 사업으로 땅을 빼앗긴 여러 사람들이 옮겨와 살았거든.

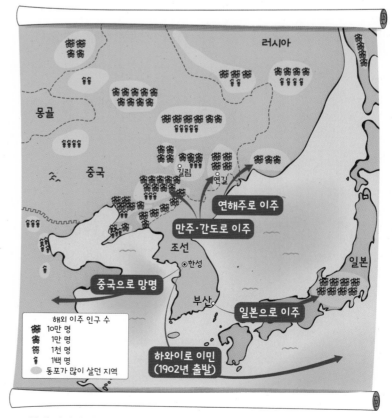

▲ 일제 강점기에 해외로 이주한 우리 민족

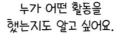

나라 밖에서는 독립운동을 어떻게 했어요?

누가 어떤 활동을 했는지도 알고 싶어요.

많은 독립운동가 가운데 안창호와 이회영에 대해 알려 줄게.

안창호

안창호는 독립 협회에 가입하며 독립운동을 시작했어. 1907년에는 신민회라는 단체를 만들어서 애국 계몽 운동을 이끌었지. 인재를 기르기 위해 평양에 대성 학교를 세우고, 민족 산업을 키우기 위해 도자기 회사도 세웠단다.

그러다 우리나라가 일제의 식민지가 되기 직전에 중국으로 망명했고, 다시 미국으로 건너갔어. 1913년, 안창호는 미국 샌프란시스코에서 흥사단이라는 단체를 만들어 한국인들의 실력을 기르는 데 앞장서. 흥사단은 민족 통일, 민주주의 발전, 시민 사회 성장 등 민족 부흥에 관한 내용을 가르치고 훈련했지.

이회영도 신민회에서 활동했던 독립운동가야. 이회영은 우리나라가 식민지가 되자, 형제들에게 이렇게 말했어.

"우리 형제가 당당한 호족의 명문으로서 큰 뜻이 있는 곳에서 죽을지언정, 왜적 밑에서 노예가 되어 생명을 구하려 한다면 이 어찌 짐승과 다르겠는가?"

그러면서 만주로 망명해 독립운동을 하자고 했어.

亡 망할 **망**
命 목숨 **명**
정치적인 이유로 자기 나라에 있지 못하고 다른 나라로 몸을 피함 이회영의 말을 들은 다섯 형제도 이에 동의했지. 사실 이회영의 집안은 이름난 양반 가문이었어. 게다가 손꼽히는 부자라서 떵떵거리며 편안히 살 수 있었지. 하지만 이회영과 형제들은 안락한 생활을 버리고 만주로 갔어. 재산을 전부 독립운동을 하는데 쏟아부었지.

▲ 신흥 무관 학교 위치

1911년, 이회영은 만주에 '신흥 강습소'를 세웠어. 이곳은 훗날 '신흥 무관 학교'로 바뀌었지. 신흥 무관 학교는 독립군을 기르기 위해 세워진 학교였어. 학생들에게 주로 군사 교육을 하고 국어, 국사, 지리 등도 가르쳤어. 1920년까지 신흥 무관 학교를 졸업한 독립군은 2천 명이 넘어. 이들은 여러 단체에서 활동하며 우리나라의 독립을 위해 애썼단다.

이회영

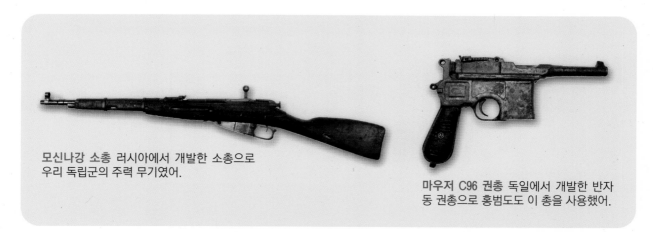

모신나강 소총 러시아에서 개발한 소총으로 우리 독립군의 주력 무기였어.

마우저 C96 권총 독일에서 개발한 반자동 권총으로 홍범도도 이 총을 사용했어.

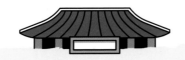

핵심 콕콕 역사 퀴즈

○ 다음 설명에 적힌 글이 맞으면 ○표, 틀리면 ✕표 해 보세요.

(1) 신민회는 우리나라가 일제의 식민지가 된 뒤에도
활동을 계속했다.   ○ ✕

(2) 일제는 거짓 사건을 만들어 신민회 회원을
비롯한 많은 독립운동가를 잡아갔다.   ○ ✕

(3) 대한 광복회는 친일파를 처단하는
활동을 벌였다.   ○ ✕

(4) 안창호는 미국에 '신흥 강습소'를 세우고
독립군을 길렀다.   ○ ✕

(5) 이회영은 만주로 가서 '흥사단'이라는
단체를 만들었다.   ○ ✕

서술·논술 완벽 대비

1 독립운동가가 만주와 연해주 등에서 독립운동을 한 이유가 무엇인지 써 보세요.

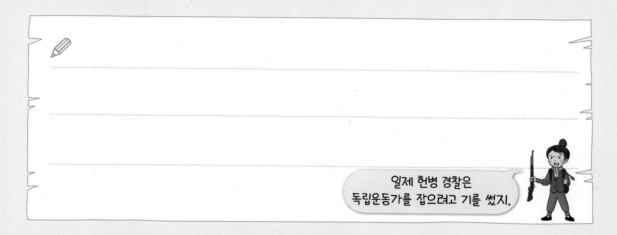

일제 헌병 경찰은 독립운동가를 잡으려고 기를 썼지.

2 독립운동 단체와 독립운동가의 활동 중 가장 인상 깊은 것은 무엇인지, 그 까닭과 함께 써 보세요.

안창호는 미국에서 독립운동을 이어갔지.

이회영은 만주에서 독립운동을 했어.

신민회는 학교를 세웠어.

과정

총칼로 위협
　고종 거절

을사오적
　조약 찬성(이완용, 이근택, 이지용, 박제순, 권중현)

결과　외교권을 빼앗김　통감부 설치　이토 히로부미

1905년
을사늑약

항거

고종 무효 선언
　헤이그 특사(이준, 이상설, 이위종)

일본
　고종 강제로 황제 자리에서 물러남, 군대 해산

민영환
　부당함을 알리며 자결

의병　서울 진공 작전　각지에서 활발
　　13도 창의군

안중근 의거
　이토 히로부미 처단

애국 계몽운동

교육↑　신민회　오산학교, 대성학교
　이승훈, 안창호

신문　〈황성신문〉, 〈대한매일신보〉

출판　《을지문덕전》, 《강감찬전》, 《이순신전》

국채 보상 운동

나라 빚을　갚자!

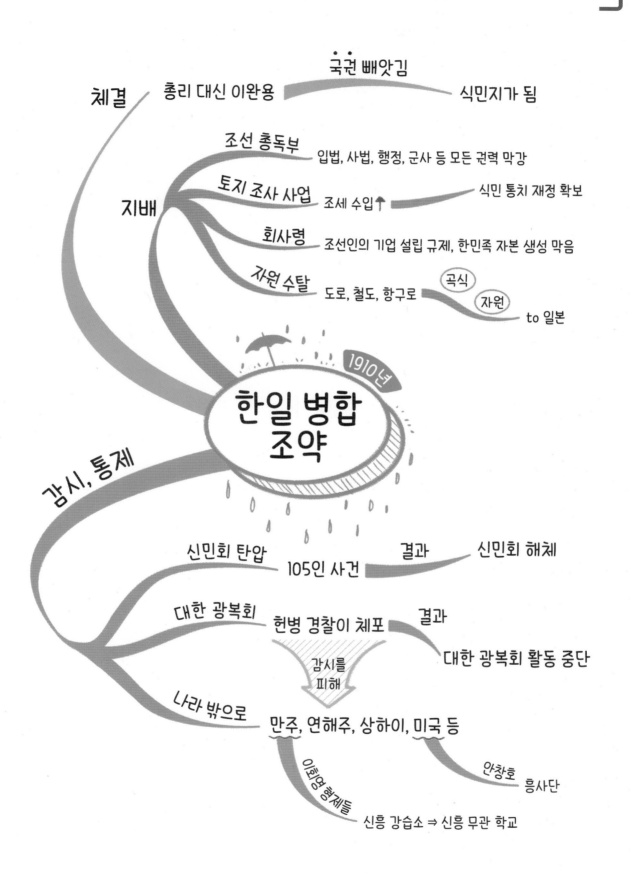

체결　총리 대신 이완용　국권 빼앗김　식민지가 됨

지배

조선 총독부　입법, 사법, 행정, 군사 등 모든 권력 막강

토지 조사 사업　조세 수입↑　식민 통치 재정 확보

회사령　조선인의 기업 설립 규제, 한민족 자본 생성 막음

자원 수탈　도로, 철도, 항구로　곡식　자원　to 일본

1910년

한일 병합 조약

감시, 통제

신민회 탄압　105인 사건　결과　신민회 해체

대한 광복회　헌병 경찰이 체포　결과　대한 광복회 활동 중단

감시를 피해

나라 밖으로　만주, 연해주, 상하이, 미국 등

독립운동가들

신흥 강습소 ⇒ 신흥 무관 학교

안창호　흥사단

○ 안중근 의사 기념관을 온라인으로 방문해 보고, 탐방 보고서를 써 보세요.

안중근 의사 기념관 바로 가기

제목

기념관 소개

안중근 의사

생애

전시

사상

자료

○ 일제 강점기 언론가가 되어 독립운동을 알리는 신문을 만들어 보세요.

19 [ ] [ ] 년 [ ] 월

매일 발행

독립운동을 소개합니다!

광고

오늘의 인물을 만나다

[ ] [ ] [ ] 을/를 만나다

질문

답

질문

답

사건·소식

1919년

3·1 운동
대한민국 임시 정부 수립

1920년

봉오동 전투
청산리 대첩

2주

1926년	1927년	1931년	1932년
6·10 만세 운동	신간회 조직	한인 애국단 결성	윤봉길 의거 이봉창 의거

대한 독립 만세를 외친 3·1 운동

제1차 세계 대전 1914년 부터 1918년까지 4년간 계속되었던 세계 전쟁

일제가 무단 통치를 한 지 10년이 흘렀을 즈음, 1918년 제1차 세계 대전이 끝났어. 제1차 세계 대전은 힘센 나라들이 서로 식민지를 차지하기 위해 편을 나누어 싸운 전쟁이었어. 전쟁이 끝나자, 식민지 상황에 있던 몇몇 나라가 독립했지. 그 모습을 본 우리나라 사람들은 독립을 이룰 기회가 왔다고 생각했어. 게다가 이 무렵에 일제에 의해 강제로 물러났던 고종이 갑자기 세상을 떠났어. 일제가 고종을 독살했다는 소문이 파다했지.

고종 황제의 장례식 행렬 상여를 멘 사람들이 상복을 입고 덕수궁의 대한문을 나서는 게 보여.

"식혜를 드신 지 30분 만에 돌아가셨다더군. 일제가 식혜에 독약을 탄 게 틀림없어."

소문을 들은 사람들은 분노로 들끓었어. 그러자 천도교, 기독교, 불교의 종교 지도자들이 중심이 되어 독립운동을 크게 벌이기로 했지. 독립 선언서를 만들고, 민족 대표 33인이 여기에 서명했어. 그들은 3월 1일에 만세 시위를 벌일 계획을 세웠단다.

이윽고 1919년 3월 1일, 민족 대표들이 모여 우리나라의 독립을 선언하는 독립 선언식을 했어. 같은 시각, 탑골 공원에는 수천 명의 학생과 시민이 모여 있었어. 학생 대표가 독립 선언서를 발표했지.

"우리는 오늘 조선이 독립국이며 조선인이 자주적인 사람이라는 것을 선언하노라!"

낭독이 끝나자 우렁찬 함성이 탑골 공원을 뒤흔들었어.

"대한 독립 만세! 대한 독립 만세!"

사람들은 목이 터져라 대한 독립 만세를 외치며 태극기를 흔들었어. 3·1 운동이 시작된 거야.

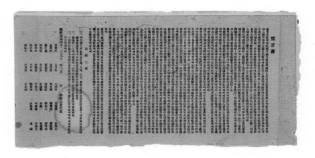

독립 선언서

천도교 최제우가 만든 동학의 바뀐 이름

自 스스로 **자**
主 주인 **주**
남의 보호나 간섭을 받지 않고 자기 일을 스스로 처리함

덕수궁 대한문 앞 만세 시위 탑골 공원에서 시작한 3·1 운동은 덕수궁 앞을 지나 곳곳에 퍼져 만세의 함성 소리가 전국으로 이어졌단다.

3·1 운동은 전국 방방곡곡으로 퍼져 나갔어. 만주, 연해주, 미국 등 나라 밖에서도 우리 민족의 만세 시위가 벌어졌지.

일제는 나라 곳곳에서 벌어진 만세 시위를 무력으로 진압했어. 평화 시위를 벌이는 사람들을 향해 총을 쏘고 칼을 휘두른 거야. 일제는 만세 운동을 이끈 사람들을 감옥에 가두고 잔인하게 고문했어. 많은 사람이 다치고 목숨을 잃었지.

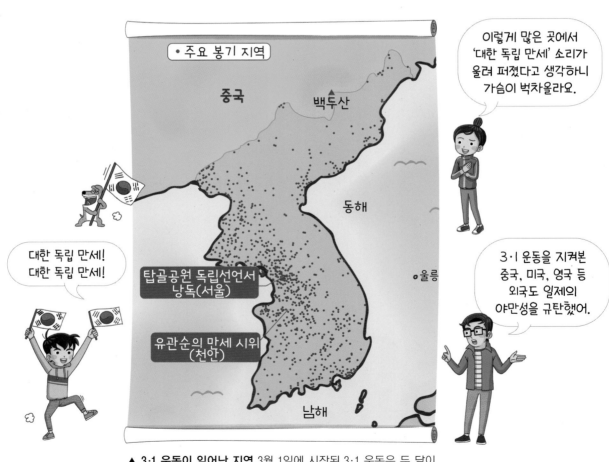

이렇게 많은 곳에서 '대한 독립 만세' 소리가 울려 퍼졌다고 생각하니 가슴이 벅차올라요.

대한 독립 만세! 대한 독립 만세!

3·1 운동을 지켜본 중국, 미국, 영국 등 외국도 일제의 야만성을 규탄했어.

• 주요 봉기 지역

중국

백두산

동해

울릉

탑골공원 독립선언서 낭독(서울)

유관순의 만세 시위 (천안)

남해

▲ 3·1 운동이 일어난 지역 3월 1일에 시작된 3·1 운동은 두 달이 넘는 기간 동안 전국으로 확산되었고, 해외에서도 만세 운동이 일어났어.

3·1 운동이 벌어질 당시, 유관순은 이화 학당에 다니는 학생이었어. 고향은 충청남도 천안이었는데, 서울로 유학을 와서 공부하고 있었지. 서울에서 만세 운동이 벌어지자 유관순도 친구들과 함께 참여했어. 그런데 일제가 학생들이 만세 시위에 참여하지 못하도록 학교 문을 닫으라는 명령을 내렸어. 유관순은 고향으로 돌아갔지.

유관순은 천안에서 만세 운동을 벌일 계획을 세웠어. 마을 어른들과 의논하고, 태극기도 직접 그리며 만세 시위를 준비했단다. 마침내 1919년 4월 1일, 천안의 아우내 장터에서 만세 운동이 펼쳐졌어. 3천 명이나 되는 사람이 모여 '대한 독립 만세'를 외쳤지.

이곳에서도 일제는 우리나라 사람들을 향해 총을 쏘았어. 유관순의 부모님을 비롯해 많은 사람이 목숨을 잃었지. 유관순 열사는 만세 운동을 이끌었다는 이유로 감옥에 갇혔지만, 그곳에서도 대한 독립 만세를 외쳤단다. 결국 모진 고문을 당한 끝에 유관순은 1920년 9월, 열여덟 살의 나이로 세상을 떠나고 말아.

열사 나라를 위하여 충성을 다하여 싸운 사람

이처럼 일제가 무자비하게 탄압했기 때문에 3·1 운동으로 독립을 이루지는 못했어. 그러나 3·1 운동은 우리나라 역사상 최대 규모의 민족 독립운동이었지. 또한, 독립을 향한 한국 사람들의 간절한 마음과 강한 의지를 전 세계에 알리는 계기가 됐어.

유관순의 감시 대상 인물 카드 일제는 우리 민족을 감시할 목적으로 감시 대상의 사진, 출생일, 주소, 출생지 등의 정보를 기록한 신상 카드를 만들어서 가지고 있었어. 현재까지 총 4,857명의 카드가 발견되었단다.

핵심 콕콕 역사 퀴즈

○ 다음 설명을 읽고, 맞는 것에 선을 이어 길을 찾아 보세요.

 출발!

(1) 1919년 3월 1일에 3·1 운동이 시작되었다.

(2) 3·1 운동은 일부 지역에서만 일어났으며, 전국적으로 퍼지지는 못했다.

(3) 유관순은 서울에서 일어난 3·1 운동에 참여하지 않았다.

(4) 유관순은 고향인 천안에서 만세 운동을 벌일 계획을 세웠다.

(5) 만주, 연해주, 미국 등 나라 밖의 한국 사람들은 만세 시위를 하지 못했다.

(6) 1919년 4월 1일 천안에서 계획되었던 만세 운동은 일어나지 못했다.

(7) 천안의 아우내 장터에서 만세 시위가 열렸다.

(8) 3·1 운동은 우리나라 역사상 최대 규모의 민족 운동이었다.

(9) 만세 시위는 평화적이었으므로, 일제는 무력을 사용하지 않았다.

(10) 3·1 운동을 통해 우리나라는 일제로부터 독립 하는 데 성공했다.

 도착!

서술 · 논술 완벽 대비

① 다음은 3·1 운동이 일어난 지역을 표시한 지도입니다. 이 지도를 통해서 3·1 운동에 대해 알 수 있는 내용을 써 보세요.

② 유관순 열사를 소개하는 글을 써 보세요.

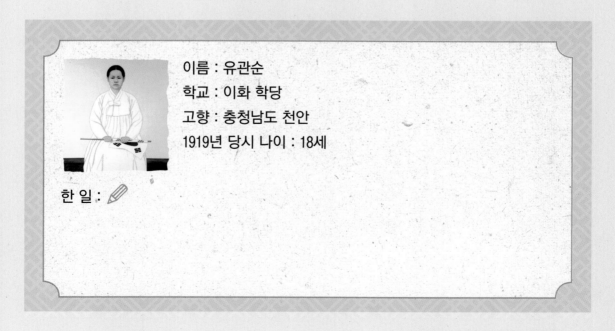

이름 : 유관순
학교 : 이화 학당
고향 : 충청남도 천안
1919년 당시 나이 : 18세

한 일 :

대한민국 임시 정부 수립

3·1 운동으로 독립을 이뤘더라면 정말 좋았을 텐데요.

그래도 독립을 향해 한 발 다가간 거 아닌가요?

미루 말이 맞아. 3·1 운동은 또 다른 변화를 불러왔어.

정부 입법, 사법, 행정을 포함하는 국가 통치 기구를 통틀어 이르는 말

3·1 운동을 벌이면서 사람들은 우리 민족을 이끌어 갈 정부의 필요성을 느꼈어. 제대로 된 정부를 세우는 것은 어렵더라도 임시로나마 정부를 세우는 게 좋다고 생각했지. 그렇게 해서 나라 안팎에 여러 임시 정부가 생겨난 거야.

연해주에는 '대한 국민 의회'를 만들었고, 상하이에는 '대한민국 임시 정부'를 수립했어. 나라 안에도 '한성 정부'를 세웠지. 이렇게 임시 정부가 여러 곳에 있다 보니 정보를 서로 나누는 데 어려움이 있었어. 그러자 여러 임시 정부를 하나로 합치자는 의견이 나왔지.

"임시 정부가 각각 활동하는 것보다는 하나로 뭉치면 독립운동을 더욱 체계적으로 할 수 있을 겁니다."

1919년 9월 대한민국 임시 의정원 사람들 상해 임시 정부 청사에서 찍은 기념 사진이야. 의정원은 대한민국 임시 정부의 입법 기관을 말해. 안창호(첫째 줄 왼쪽에서 네 번째)와 김구(둘째 줄 오른쪽에서 첫 번째)의 모습을 볼 수 있어.

이렇게 해서 1919년 9월, 임시 정부들은 중국 상하이에 있던 '대한 민국 임시 정부'로 합쳐졌어. 중국 상하이는 우리나라와 비교적 가깝고, 외국인이 많이 찾는 곳이라 세계 곳곳의 소식을 빠르게 들을 수 있는 등 여러 장점이 있었어.

이후 대한민국 임시 정부가 중심이 되어 독립운동을 이끌기 시작했지. 비밀 연락망을 만들어서 국내의 독립운동가들과 연락을 주고받고, 독립운동에 필요한 자금을 모았어. 다른 나라와 외교 활동도 벌였지. 그리고 대한민국 임시 정부는 헌법을 만들었는데, 첫 번째 조항이 '대한민국은 민주 공화제로 한다'였어. 이게 무슨 뜻이냐고?

조선은 왕이 다스리는 나라였고, 대한 제국은 황제가 다스리는 나라였어. 그러나 민주 공화제는 국민이 주인인 나라이며, 국민의 뜻에 따라 운영하는 나라를 말해.

共 한가지 **공**
和 화목할 **화**
制 억제할 **제**
국민이 뽑은 대표 또는 대표 기관의 의사에 따라 주권이 행사되는 정치로, 민주 정치가 이에 속해.

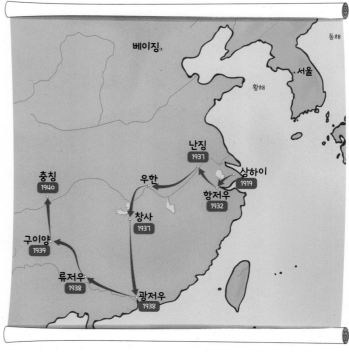

▲ **대한민국 임시 정부의 이동 경로** 1919년 상하이에 세워진 대한민국 임시 정부는 일제의 감시와 국제 정세에 따라 옮겨 다녔어.

한편, 3·1 운동 이후에는 독립군이 되기 위해 만주로 가는 젊은이가 늘었어. 많은 젊은이가 독립군이 되어 무기를 들고 일본군과 싸웠지.

만주에는 여러 독립군 부대가 있었는데, 그 가운데 홍범도가 이끄는 '대한 독립군'이 용맹을 떨쳤어. 1920년 6월, 홍범도와 독립군은 일본군 초소를 갑자기 덮쳐 쳐부수었지. 그러자 일본군이 독립군을 공격해 왔어. 독립군은 재빨리 주민들을 안전한 곳으로 대피시킨 뒤, 도망치는 척하면서 일본군을 봉오동 골짜기로 끌어들였어. 일본군이 골짜기로 들어오자 골짜기 양옆에 숨어 있던 독립군이 일본군을 향해 공격을 퍼부었지. 독립군은 일본군과 싸워 큰 승리를 거두었어. 이 전투를 '봉오동 전투'라고 한다.

초소 군사 부대의 경계선 등에서 감시를 하는 장소

봉오동 전투는 독립군이 일본군을 상대로 벌인 전투에서 처음 이겼다는 데 의미가 있어.

독립군이 이겼다니 통쾌해요!

일본군은 잔뜩 화가 났겠어요.

봉오동 전투에서 진 일본군은 약이 바짝 올랐지. 독립군을 뿌리 뽑겠다며 엄청나게 많은 일본군이 만주로 몰려왔어.

홍범도가 이끄는 대한 독립군은 김좌진이 이끄는 독립군 부대인 '북로 군정서'와 힘을 합쳤어. 그리고 백두산 근처에 있는 청산리에서 일본군과 다시 맞붙을 준비를 했지.

▲ 봉오동 전투와 청산리 대첩이 일어난 위치

"일본군의 수가 많지만, 험하고 가파른 청산리의 지형을 활용한다면 우리 독립군이 승리할 수 있을 겁니다."

1920년 10월 21일, 독립군과 일본군의 치열한 전투가 시작됐어. 독립군은 청산리 일대에서 6일 동안 10여 차례나 일본군과 싸웠지. 그러다 마침내 일본군을 무찌르며 큰 승리를 거두었어. 이 전투를 '청산리 대첩'이라고 해.

봉오동 전투와 청산리 대첩은 일제의 지배로 힘들어하던 우리 민족에게 용기를 주었어. 또한 일제와 싸워 이길 수 있다는 희망도 주었지.

청산리 전투를 그린 기록화

일본군의 기세가 푹 꺾였겠네요.

안타깝게도 일제는 이후 간도에 있는 우리 민족을 잔인하게 학살하며 보복한단다.

무려 3700여 명이 목숨을 잃은 그 학살이죠?

간도 두만강과 압록강을 접한 중국 길림성 지역으로, 일제 강점기에 우리 민족이 많이 살았어.

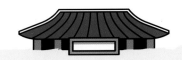

핵심 콕콕 역사 퀴즈

◎ 다음 설명이 맞으면 ○표, 틀리면 ✕표 해 보세요.

(1) 3·1 운동의 영향으로 나라 안팎에 여러 임시 정부가 만들어졌다.

(2) 1919년 9월, 여러 임시 정부는 중국 상하이에 있던 '대한민국 임시 정부'로 합쳤다.

(3) 대한민국 임시 정부는 다른 나라와 외교를 하지 않았다.

(4) '대한 독립군'은 홍범도가 이끄는 독립군 부대로, 만주에 있었다.

(5) 김좌진과 홍범도가 독립군을 이끌고 청산리에서 일본군과 싸웠다.

(6) 청산리 대첩은 독립군이 일본군과 싸워 처음 이긴 전투였다.

서술·논술 완벽 대비

① 대한민국 임시 정부가 한 일을 2가지 이상 써 보세요.

② 봉오동 전투와 청산리 대첩을 비교한 뒤, 이들이 갖는 공통된 의미를 써 보세요.

	봉오동 전투	청산리 대첩
일어난 날짜	1920년 6월	1920년 10월
독립군 부대	대한 독립군(홍범도)	북로 군정서군와 대한 독립군 (김좌진, 홍범도)
전투 결과		
의미		

겉과 속이 다른 문화 통치

독립운동이 활발해지자 일제는 우리나라를 다스리는 방식을 바꾸었어.

헌병 경찰로 위협해 봤자 소용없다는 걸 알았군요.

이번에는 어떤 방법으로 우리 민족을 억압했나요?

일제는 전국적으로 벌어진 3·1 운동에 큰 충격을 받았어.

"10년이나 무단 통치로 억눌렀는데도 독립을 외치다니."

"힘으로 누른다고 굴복할 민족이 아닙니다. 다른 방법을 씁시다."

1920년부터 일제는 '문화 통치'라는 새로운 정책으로 우리나라를 다스리겠다고 했어. 헌병 경찰 제도를 없애고 보통 경찰 제도를 실시했지. 그동안 금지했던 언론과 출판, 집회의 자유도 일부 허가했어.

하지만 실제로는 경찰의 수를 세 배 이상 늘렸고, 독립운동을 막기 위해 '치안 유지법'이라는 법을 새로 만들었어. 언론의 자유를 허가한다며 신문을 펴낼 수 있게 했지만, 기사 내용은 철저하게 검열했지. 조금이라도 일제를 비판하는 기사는 신문에 싣지 못하게 한 거야. 집회는 일제의 식민 지배를 인정하는 단체만 할 수 있게 했단다.

검열 언론, 출판 등의 내용을 미리 심사하여 발표를 통제하는 일

문화 통치는 한국인이 똘똘 뭉쳐서 일제에 대항하는 것을 막기 위한 속임수였어. 더불어 일제의 식민 지배를 당연하게 받아들이게 하려는 속셈도 있었지.

문화 통치 기간에 일제는 영향력 있는 한국인을 친일파로 만들기 위해 애썼어. 부자나 사업가, 종교 지도자에게 갖가지 이익을 주며 환심을 샀지. 일제의 꾐에 넘어가지 않는 사람이 많았지만, 그렇지 않은 사람도 있었어. 그러나 시간이 흐를수록 자신의 이익을 좇아 친일파가 된 사람이 늘어났단다.

"조선은 일본에 속한 지역일 뿐입니다. 일본에 맞설 생각 따윈 버립시다."

"닥쳐라! 자기 이익만을 위해 조국과 민족을 저버리고 일본 편에 서다니."

한마음으로 일제에 맞서던 우리 민족이 조금씩 분열된 거야. 따지고 보면 일제는 문화 통치가 아니라, 민족 분열 통치를 했던 셈이지.

收 거둘 **수**
奪 빼앗을 **탈**
강제로 빼앗음

1920년대에 들어서면서 일제의 경제적 수탈도 심해졌어. 일제는 우리나라에서 '산미 증식 계획'을 실시했는데, 이는 '쌀 생산량을 늘리기 위한 계획'이란 뜻이야. 언뜻 들으면 한국 사람들을 위한 계획 같지만 실상은 전혀 달랐지.

당시 일본은 공업 발전에 힘을 쏟고 있었어. 일본의 도시 곳곳에 공장이 들어섰고, 농촌에서 농사짓던 사람들이 일자리를 찾아 도시로 옮겨 왔지. 그러자 쌀 생산량이 줄어서 일본 사람들이 먹을 쌀이 부족해졌어. 이런 문제를 해결하기 위해 일본이 우리나라의 쌀 생산량을 늘리기로 한 거야.

일제는 황무지를 개간해 농사지을 땅을 늘리고 농사에 쓸 물을 가둘 저수지도 만들게 했지. 밭을 논으로 바꾸기도 했어. 그러고는 우리

군산항에서 쌀을 수탈하는 일제 조선 총독부가 만든 엽서야. 항구에 쌓인 쌀가마니가 보이지? '쌀은 조선의 중요한 물산으로, 1년에 약 1500만 석이 생산되어 그중 상당량이 군산항을 통해 수출된다.'는 내용이 쓰여 있어.

농민이 구슬땀을 흘리며 농사지어 거둔 곡식을 일본으로 실어 갔어. 그것도 늘어난 쌀 생산량보다 훨씬 많은 양을 가져갔단다. 자연히 우리가 먹을 곡식의 양이 줄어서 생활 형편은 더욱 어려워졌지.

일본은 공장에서 대량으로 만든 물건을 우리나라로 들여와 싼값에 팔기 시작했어. 값싼 일본 물건과 경쟁하느라 우리 기업들이 어려움을 겪게 됐지. 그러자 우리나라에서 만든 물건을 사용하자는 '물산 장려 운동'을 벌어졌어. 조만식을 비롯한 많은 사람이 모여 '조선 물산 장려회'를 만들고, 물산 장려 운동을 펼쳤단다. 물산 장려회는 '내 살림 내 것으로', '조선 사람은 조선 것을'이라는 구호를 내걸었어. 물산 장려회 회원들은 이렇게 외쳤지.

1920년대 초 경성방직 주식회사가 만든 광고 '우리가 만든 것은 우리가 쓰자'라고 적혀 있어. 국산품을 이용하자는 거지.

"양복을 입지 말고, 무명으로 만든 우리 옷을 입읍시다!"

"우리 땅에서 나는 것을 먹읍시다!"

무명 솜에서 뽑아낸 실로 짠 옷감

물산 장려 운동은 전국적으로 퍼져서 많은 사람이 참여했어. 그러나 일본의 방해와 몇몇 기업가들의 욕심 때문에 오래가지는 못했어.

한때는 조선인이 만든 물건이 없어서 못 파는 일도 벌어졌다고 해.

물산 장려 운동으로 자립 의식을 보여 주었네요.

우리 것은 좋은 것이여!

신토불이~

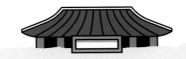

핵심 콕콕 역사 퀴즈

○ 다음은 무엇을 설명하는 것일까요? 사다리 타기를 하며 빈칸에 들어갈 낱말을 보기 에서 골라 써 보세요.

1920년부터 일제가 우리나라를 다스리는 방법을 바꾸겠다며 내세운 새로운 통치 방법

'쌀 생산량을 늘리기 위한 계획'이라는 뜻으로, 1920년부터 일제가 우리나라를 쌀 공급처로 삼기 위해 실시한 정책

우리 민족이 만든 물건을 사용해서 우리 기업을 살리고 일제의 경제적 수탈에 항거하기 위한 운동

(1)

(2)

(3)

서술·논술 완벽 대비

① 산미 증식 계획으로 인해, 우리나라 사람들의 생활은 어떻게 변했는지 써 보세요.

✎

② 1920년부터 일제는 '문화 통치'라는 새로운 정책을 펼쳤어요. 그러나 문화 통치는 겉과 속이 다른 정책이었어요. 실제와 어떤 차이가 있었는지 써 보세요.

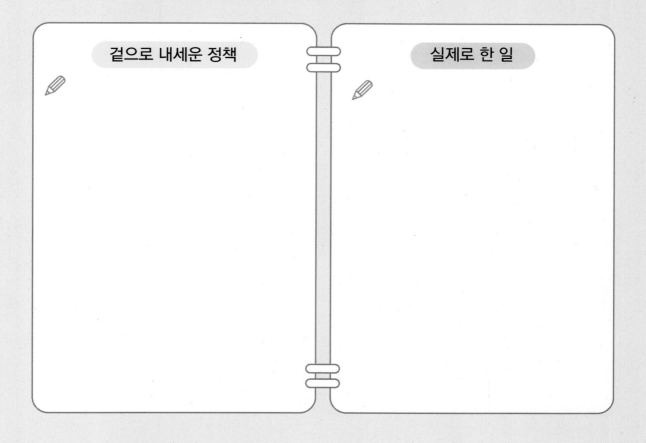

겉으로 내세운 정책 ✎

실제로 한 일 ✎

독립을 향한 꺾이지 않는 의지

일제가 문화 통치를 펼친 기간에는 만세 운동이 일어나지 않았나요?

규모는 작지만 만세 운동은 꾸준하게 이어졌지.

오! 언제, 어디서요?

1926년 6월 10일이었어. 이날은 대한 제국의 마지막 황제였던 순종의 장례식 날이었단다. 독립운동가들은 장례식에 많은 사람이 모일 것을 예상하고 만세 운동을 벌일 계획을 세웠어. 그러나 일제 역시 이를 예상했지. 일제는 만세 운동을 준비하던 독립운동가들을 잡아서 가두어 버렸어.

그러자 학생들이 나섰어. 독립 의지를 담은 격문을 준비해 장례식에 참여한 거야. 순종의 상여가 종로를 지날 때, 학생들은 격문을 뿌리며 '대한 독립 만세'를 외쳤어. 장례 행렬을 지켜보기 위해 모인 많은 사람은 그들과 같이 대한 독립 만세를 따라 불렀지. 이렇게 또다시 만세 시위가 벌어졌단다. 이를 '6·10 만세 운동'이라고 해.

격문 어떤 일을 여러 사람에게 알리어 부추기는 글

순종의 장례 행렬

6·10 만세 운동은 큰 규모의 만세 운동은 아니었지만, 독립운동가들에게 큰 깨달음을 주었어.

1920년대 중반부터 독립운동가들은 민족주의 단체와 사회주의 단체로 나뉘어 있었어. 민족주의 단체는 민족의 독립이 가장 중요하다며 민족 단결을 주장했고, 사회주의 단체는 민족 독립은 물론 농민과 노동자가 중심이 되는 사회를 만들어야 한다고 주장했지.

1927년 민족주의 단체와 사회주의 단체는 서로 손을 잡고 '신간회'를 만들었어. 신간회는 최대 규모의 항일 단체였지. 강연회를 열어서 민족의식을 높이고, 지주에게 맞서는 소작농이나 회사에 맞서는 노동자를 돕는 등 다양한 활동을 벌였어. 그러나 일제가 신간회를 탄압하며 간부들을 잡아가고, 독립운동 방향에 대한 차이가 생겨서 스스로 해체했단다.

항일 일본 제국주의에 맞서 싸움

소작농 대가를 주고 땅을 빌려 농사를 짓는 농민

간부 단체의 중심이 되는 자리에서 일을 맡아 보는 사람

비록 신간회는 해체했지만, 일제를 두려움에 떨게 한 독립운동 단체들이 있었어. 바로, '의열단'과 '한인 애국단'이야. 의열단은 3·1 운동이 끝난 직후인 1919년에 '김원봉'을 중심으로 세운 독립운동 단체야. 의열단은 일제에 직접적인 피해를 주는 강력한 항일 투쟁을 벌였어. 조선 총독과 지위가 높은 일본군, 친일파 등을 암살하고, 일제의 주요 관청을 파괴하는 것을 목표로 삼았지. 이들은 조선 총독부, 동양 척식 주식회사, 부산과 종로 경찰서 등에 폭탄을 던져서 일제에 큰 충격을 주었어.

한인 애국단은 대한민국 임시 정부를 세우고 활동하던 김구가 만들었는데, 아주 비밀스러운 조직이었어. 우리나라의 독립을 가로막는 사람을 처단하려고 만들었거든. 나라를 위해 목숨을 바칠 각오가 선 사람만 한인 애국단원이 되었지.

한인 애국단원 이봉창은 일왕을 처단하기 위해 일본으로 건너갔어. 1932년 1월 8일, 행사를 마친 일왕이 마차를 타고 돌아갈 때였지. 이봉창은 일왕이 탄 마차를 향해 두 개의 폭탄을 던졌어. 그러고는 품에서 태극기를 꺼내 들며 대한 독립 만세를 외쳤단다.

일왕을 처단하려는 계획은 성공하지 못했어. 폭탄 한 개는 일왕의 마차가 다다르기 전에 터졌고, 다른 하나는 터지지 않았거든. 그러나 일본 땅에 우리의 독립 의지를 널리 알릴 수 있었단다.

이봉창 1931년 태극기 앞에서 양손에 수류탄을 들고 가슴에는 선서문을 달은 뒤 사진을 찍었어.

그로부터 석 달 뒤인 1932년 4월 29일, 한인 애국단원 윤봉길이 상하이 홍커우 공원으로 향했어. 일제가 중국을 침략해 상하이를 차지한 것을 기념하는 행사를 열었거든. 이 자리에는 일제의 높은 관리들이 참석했단다.

윤봉길은 일본 관리들이 앉아 있는 단상을 향해 물통 모양의 폭탄을 힘껏 던졌어.

'쾅!'

요란한 소리를 내며 폭탄이 터졌지. 일본군의 최고 사령관을 비롯해 많은 관리가 죽거나 다쳤어. 윤봉길은 그 자리에서 붙잡혔지.

독립을 향한 한국 사람들의 굳은 의지를 보여준 이 사건은 중국 사람들에게 깊은 인상을 남겼어. 이때부터 중국은 상하이에 있는 대한민국 임시 정부를 도와준단다.

이봉창과 윤봉길 두 사람은 모두 일제로부터 사형 선고를 받았어. 이봉창은 그해 10월, 윤봉길은 12월에 순국했지.

백범 김구(왼쪽)와 윤봉길(오른쪽)
윤봉길은 의거를 앞두고 더 이상 필요가 없다면서 자신의 새 시계를 김구의 낡은 시계와 맞바꿨어.

▲ 윤봉길의 시계

▲ 김구의 시계

순국 나라를 위하여 목숨을 바침

이렇게 물통처럼 위장해서 눈치 못 채게 폭탄을 가져갔군요.

순국 당시 윤봉길의 나이는 24세였어.

독립을 위해 목숨을 바친 독립운동가들을 꼭 기억할게요!

핵심 콕콕 역사 퀴즈

○ 다음 설명이 맞으면 ○표, 틀리면 ✕표 해 길을 찾아 보세요.

출발!

(1) 6·10 만세 운동은 학생들이 이끌었고, 많은 사람이 참여했다.

(2) 신간회는 민족주의 단체가 만든, 최대 규모의 항일 단체다.

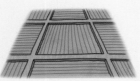

크르릉
화악

(3) 한인 애국단은 임시 정부를 세우고 활동하던 김구가 만든 단체다.

도착!

(4) 이봉창은 일왕을 처단하기 위해, 일왕이 탄 마차에 폭탄을 던졌다.

서술·논술 완벽 대비

○ 다음은 윤봉길 의사에 관한 일화예요. 글을 읽고 자신의 생각이나 느낌을 써 보세요.

> 윤봉길이 상하이 홍커우 공원에서 폭탄을 던지기로 한 날이었다.
> 한인 애국단원 윤봉길은 김구에게 시계를 건네며 말했다.
> "이 시계는 어제 선서식을 한 뒤에 6원을 주고 산 시계입니다.
> 선생님 시계는 2원짜리니 저와 바꿉시다.
> 제 시계는 앞으로 한 시간 밖에 쓸 수 없으니까요."
> 윤봉길의 말에 김구는 목이 메었다.
> 그로부터 한 시간 뒤,
> 윤봉길은 상하이 홍커우 공원에서 일본 관리들이
> 앉아 있는 단상을 향해 폭탄을 던졌고, 그 자리에서 붙잡혔다.

민족 말살 정책

일제는 이전보다 더욱 지독한 짓을 저질렀단다.

우리 민족이 끊임없이 독립운동을 했는데도 일본은 물러나지 않았나요?

끄아

또 무슨 짓을 한 거죠?

일제가 많은 공장을 짓고 물건을 만들어 냈다고 했지? 그동안 일본은 생산한 물건을 다른 나라에 팔아서 큰 이익을 남겨 왔어. 그런데 1929년부터 세계 경제가 급격히 나빠져서 물건을 팔기가 어려워졌지. 일본 경제는 쓰러질 듯 흔들렸어.

이 문제를 해결하기 위해 일제가 선택한 방법은 '전쟁'이었어. 전쟁을 벌여서 더 많은 나라를 차지해 식민지로 삼고, 그곳에 강제로 물건을 팔아 경제 위기에서 벗어나려고 한 거야.

일제는 1931년에 중국 만주를 침략해서 차지했어. 1937년에는 중국의 더 많은 땅을 차지하기 위해 '중일 전쟁'을 벌였지. 이어서 동남아시아의 여러 나라를 침략하며 '제2차 세계 대전'에

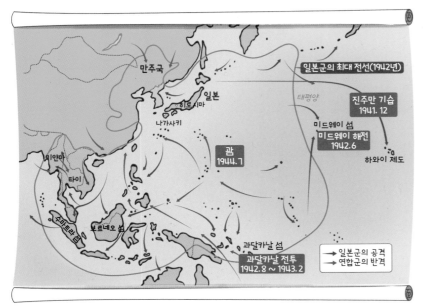

▲ **태평양 전쟁의 전개** 일본은 연합국을 상대로 태평양 전쟁을 일으켰어.

가담하더니, 1941년에는 미국 땅인 하와이 진주만을 공격해 태평양 전쟁을 일으켰단다.

침략 전쟁을 벌이는 동안, 일제는 우리나라를 '병참 기지'로 삼았어. 전쟁에 필요한 사람과 물자 등을 우리나라에서 대도록 한 거야. 군인들에게 먹일 식량이 필요하다며 곡식을 빼앗아 가고, 무기를 만들어야 한다며 쇠를 모조리 긁어 갔어. 일본 경찰들이 집집마다 돌아다니며 놋쇠로 된 숟가락과 젓가락까지 가져갔으니, 얼마나 지독하게 빼앗아 갔는지 짐작이 가지?

일제가 앗아간 건 그뿐이 아니야. 군인이 부족하다며 젊은이는 물론이고, 어린 학생들까지 전쟁터로 데려가 싸우게 했어. 또한 무기를 만드는 공장, 석탄을 캐내는 광산으로 한국 사람들을 끌고 가 위험하고 힘든 일을 시켰지. 심지어 젊은 여성과 어린 소녀들을 속여서 데려가거나 강제로 끌고 가서 일본군 '위안부'로 삼았어.

제2차 세계 대전 1939년부터 1945년까지 세계 여러 나라가 싸운 두 번째 전쟁이야. 독일, 이탈리아, 일본을 중심으로 한 '추축국'에 맞서 영국, 프랑스, 미국, 소련을 중심으로 한 '연합국'이 전쟁을 벌였지.

'수요 집회'를 들어본 적 있니? 일본군 '위안부' 문제를 해결하기 위해 매주 수요일마다 열리는 시위 말이야.

서울 종로구에 있는 주한 일본 대사관 앞에서 열리잖아요.

일본이 하루 빨리 잘못을 인정하고 제대로 된 사과를 하면 좋겠어요.

씩 씩

◀◀ 〈평화의 소녀상〉 2011년 12월 수요 집회 1천 회를 맞아 서울 종로구 일본 대사관 앞에 처음 세워졌어.
◀ 〈끌려감〉 일본군 '위안부' 피해자 고(故) 김순덕 할머니가 그린 그림이야.

일제는 1930년대부터 민족 말살 정책을 펼치기 시작했어.

민족 말살 정책이 뭐예요?

말살은 아예 없애 버린다는 뜻이잖아요.

민족정신 한 민족이 공유하는 고유한 정신

민족 말살 정책이란 우리 민족의 민족정신을 없애려고 벌인 갖가지 일을 말한단다. 일제는 우리나라가 영원히 일제의 식민지로 남길 바랐어. 우리나라 사람들이 나라를 되찾으려고 독립운동을 벌이는 대신, 일본이 일으킨 전쟁에 참가해 목숨 걸고 싸우길 바란 거지. 그래서 일제는 우리 민족이 고유한 정신을 잃고, 자신을 일본 사람이라고 생각하게 만들려고 했어.

황국 신민 천황이 다스리는 나라의 신하가 된 백성이라 하여 일제 강점기 때 일본이 자국민을 이르는 말이야.

이를 위해 일본은 '일본과 조선이 하나'라는 '내선일체'를 외쳤어. 우리나라 사람들을 일본 왕에게 충성하는 백성으로 만들기 위한 '황국 신민화 정책'을 펼쳤지. 매일 아침 학교에서는 우리나라 학생들에게 '나는 대일본 제국의 신민입니다.'로 시작하는 글을 읊게 했어.

▲ 우리나라 부녀자들이 일본어를 배우는 모습이야.

일제는 곳곳에 신사를 지어 놓고 강제로 절을 하게 했어. 이를 '신사 참배'라고 하는데, 신사는 일본 왕실의 조상이나 일본에 큰 공을 세운 사람을 신으로 모시는 사당이야. 그러니 신사 참배를 하는 것은 일본에 충성을 맹세하는 것과 같지.

▲ 학생들이 조선 신궁을 참배하고 있어. 조선 신궁은 일제 강점기 때 서울 남산에 세운 신사야.

또한, 일제는 우리나라 학생들이 한글을 배우지 못하도록 수업에서 조선어 과목을 없애 버렸어. 일상생활을 할 때에도 한국어가 아닌 일본어를 사용하게 했지. 역사 시간에는 한국의 역사가 아닌 일본의 역사를 가르쳤어.

여기에 한국 사람들의 성과 이름까지 일본식으로 바꾸라고 강요했지. 성과 이름을 일본식으로 바꾸지 않으면 식량 배급을 받지 못하게 했어. 학생들은 학교에도 다닐 수 없었지. 이처럼 일제는 온갖 방법을 동원해서 우리의 민족정신을 없애려고 했단다.

성과 이름까지 바꾸라니 정말 지독하네요!

우리말, 우리글, 우리 이름을 못 쓴다니 너무 답답할 것 같아요.

일제는 우리 민족성을 지워 버리려고 한 거야.

핵심 콕콕 역사 퀴즈

○ 가로세로 빈칸에 들어갈 알맞은 답을 써 보세요.

①ㅎ	ㄱ	③ㅅ	ㅁ	ㅎ	ㅈ	ㅊ
		ㅅ				
		ㅊ		④ㅌ		
⑤ㄴ		ㅂ		ㅍ		
ㅅ				ㅇ		
ㅇ		②ㅈ	ㅇ	ㅈ	ㅈ	
ㅊ				ㅈ		

🔑 가로 열쇠

① 일제가 우리나라 사람들을 일본 왕에게 충성하는 백성으로 만들기 위해 펼친 정책

② 일제가 1937년 중국을 침략하여 벌어진 전쟁

🔑 세로 열쇠

③ 일제가 우리나라 사람들에게 강제로 신사에 참배하도록 강요한 일

④ 일제가 미국 하와이의 진주만을 기습적으로 공격해서 일으킨 전쟁

⑤ '일본과 조선은 하나'라는 뜻으로, 일제가 우리 민족의 정신을 말살하고,
　　우리나라 사람들을 착취하기 위해 만들어낸 구호

서술 · 논술 완벽 대비

1 일제는 1930년대부터 '민족 말살 정책'을 펼쳤습니다. 민족 말살 정책은 무엇인지 쓰고, 일제가 이 정책을 펼친 까닭이 무엇인지 써 보세요.

'말살'은 아주 없애 버리는 것을 뜻해.

2 일본은 아직도 일본군 '위안부' 문제를 인정하지 않으며, 사과하지 않고 있어요. 이 문제를 해결하기 위해 우리가 어떤 일을 할 수 있을지 써 보세요.

속셈: 경찰 수 3배↑, 치안 유지법

1920년 ~

헌병 경찰X 보통 경찰○

문화 통치

언론 · 출판 · 집회 허가 ——— 속셈: 검열, 식민 지배 인정

갖가지 이익↑ ——— 속셈: '친일파' 만들기

경제적 수탈↑

산미 증식 계획 ——— 속셈: 쌀 수탈↑

일본 물건↑ ——— 우리 기업 어려움↑

민족을 분열시키는

일제 강점기

무력으로 지배

1910 ~ 1919년

무단 통치

감시 · 통제

헌병 경찰

태형 ——— 가혹한 형벌

민족정신을 없애는

내선일체 ——— 일본과 조선은 하나라고 선전

황국 신민화 ——— "나는 대일본 제국의 신민입니다." 억지로 시킴

신사 참배 ——— 일본에 충성 맹세 강요

민족 말살 정책

우리말 · 글 사용 금지 ——— 조선어 과목X, 일본어 사용

창씨개명 ——— 이름, 성을 일본식으로 바꿈

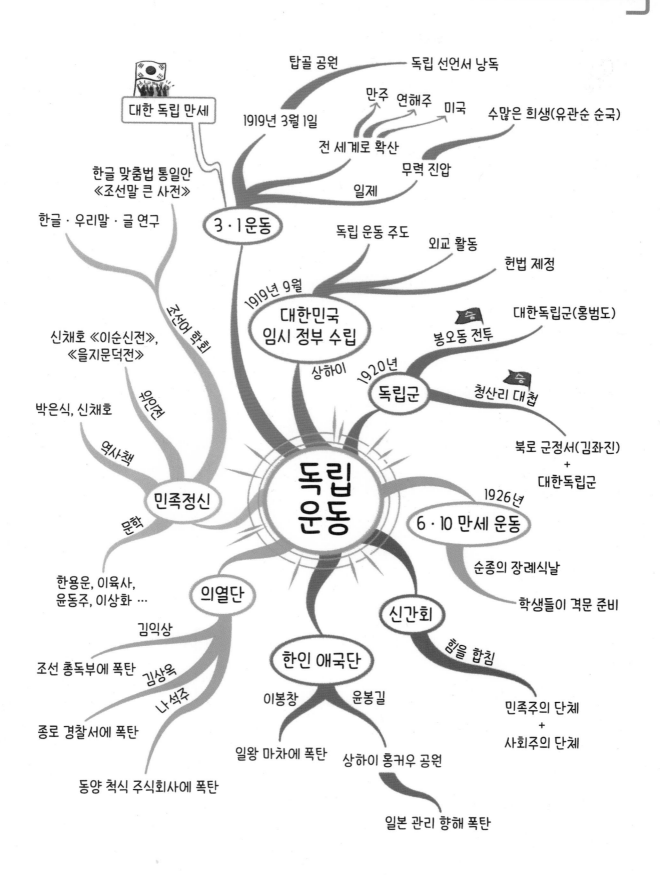

대한 독립 만세

탑골 공원 — 독립 선언서 낭독

1919년 3월 1일

만주 연해주 미국

전 세계로 확산

일제 — 무력 진압

수많은 희생(유관순 순국)

3·1운동

한글 맞춤법 통일안
《조선말 큰 사전》

한글·우리말·글 연구

조선어 학회

신채호 《이순신전》,
《을지문덕전》

박은식, 신채호

위인전

역사책

민족정신

문학

한용운, 이육사,
윤동주, 이상화 …

김익상

조선 총독부에 폭탄

김상옥

나석주

종로 경찰서에 폭탄

동양 척식 주식회사에 폭탄

의열단

독립운동

1919년 9월

대한민국
임시 정부 수립

독립 운동 주도

외교 활동

헌법 제정

상하이

1920년

독립군

봉오동 전투

대한독립군(홍범도)

청산리 대첩

북로 군정서(김좌진)
+
대한독립군

1926년

6·10 만세 운동

순종의 장례식날

학생들이 격문 준비

신간회

힘을 합침

민족주의 단체
+
사회주의 단체

한인 애국단

이봉창

윤봉길

일왕 마차에 폭탄

상하이 홍커우 공원

일본 관리 향해 폭탄

○ 독립 선언서를 만든다면, 어떤 내용을 넣을지 생각해서 써 보세요.

○ 다음은 대한민국 헌법 제1조입니다. 대한민국 임시 정부의 헌법과 어떤 점이 닮았는지 써 보세요.

> 대한민국 헌법 제1조
> 1항 대한민국은 민주 공화국이다.
> 2항 대한민국의 주권은 국민에게 있고, 모든 권력은 국민으로부터 나온다.
>
> -1948년 7월-

> 대한제국 임시 헌장
> 제1조 대한민국은 민주 공화제로 함
>
> -1919년 4월-

🖉

민주 공화국은 주권이 국민에게 있고
국민의 뜻에 따라 정치가 이루어지는 나라를 뜻해.

어, 민주 공화제도
같은 뜻인데!

1940년	1942년	1945년	1948년
한국광복군 결성	조선어 학회 사건	8·15 광복	제주 4·3 사건 대한민국 정부 수립

3주

1950년	1960년	1961년	1972년
6·25 전쟁	4·19 혁명	5·16 군사 정변	유신 헌법

민족정신을 지키기 위한 노력

歪 기울 **왜**
曲 굽을 **곡**
사실과 다르게 해석
하거나 그릇되게 함

일제는 우리나라를 식민지로 삼은 걸 정당화하려고 했어. 우리나라의 역사를 왜곡하며 다음과 같은 주장을 펼쳤단다.

"조선은 아주 오래 전부터 늘 다른 나라의 지배를 받아 왔습니다. 조선인은 스스로 나라를 운영할 수 없는 민족이거든요. 그러니 조선이 일본의 식민지가 되어 지배를 받는 것은 당연한 일입니다. 조선을 위해서도 일본이 지배하는 게 좋아요."

참 말도 안 되는 소리지? 하지만 일본은 끊임없이 우리나라 사람들에게 그릇된 생각을 심으려고 했어. 그러자 역사 학자이자 독립운동가인 신채호가 나섰어. 일제의 침략을 비판하는 글을 쓰고 《이순신전》, 《을지문덕전》 같은 책을 펴냈지.

《이순신전》은 조선을 침략한 일본을 물리친 이순신 장군의 이야기이고, 《을지문덕전》은 중국 수나라의 침략을 물리친 고구려의 장군 을지문덕에 관한 이야기지. 그러니 우리나라가 늘 다른 민족의 지배를 받아 왔다는 일본의 주장은 거짓인 거야. 외적의 침략을 용맹하게 물리쳤다는 게 사실이지.

《이순신전》, 《을지문덕전》은 애국 계몽 운동 이야기에서 나왔던 책이잖아요.

독립운동가들은 우리 역사와 민족정신을 지키기 위해 노력해 왔네요.

오~ 너희들 제법인데!

한편, 신채호는 우리나라의 역사를 왜곡하는 일본 역사가들의 주장에 반박하기 위해, 1931년부터 신문에 우리나라의 고대 역사를 소개하는 글을 실었어. 이 글은 훗날 《조선 상고사》라는 역사책으로 묶여 나왔지.

우리의 소중한 한글을 지키기 위한 노력도 있었어. 1921년에는 '조선어 연구회'를 만들어 우리의 말과 글을 연구했어. 조선어 연구회는 1931년에 '조선어 학회'로 이름을 바꾸었는데, 일제의 탄압을 받으면서도 많은 활동을 했단다.

조선어 학회 회원들은 전국을 돌아다니며 사람들에게 한글을 가르쳤어. 《한글》이라는 잡지를 펴내고, 한글을 혼동 없이 바르게 적을 수 있도록 '한글 맞춤법 통일안'을 정했지. 《우리말 큰 사전》도 펴내려고 했어.

신채호와 《을지문덕》 단행본 신채호는 여러 역사서를 바탕으로 을지문덕의 생애를 재구성해 역사 전기 소설을 썼어. 구절마다 작은 글자로 출처를 표시하는 등 정확하게 쓰려고 노력했지.

▲조선어 학회 회원들
▶《조선말 큰 사전》광복 후 사전 편찬 작업이
이어져서 1947년에 1권이 간행되었어.

| 光 | 빛 | 광 |
| 復 | 회복할 | 복 |

빼앗긴 주권을 도로
찾음

하지만 일제는 조선어 학회를 눈엣가시처럼 여겼어. 결국 1942년 10월, 이윤재, 최현배, 이극로 등 조선어 학회 회원들을 감옥에 가두어 버렸단다. 이 사건을 '조선어 학회 사건'이라고 해. 이 일로 조선어 학회는 해산되고, 회원들은 광복을 맞은 뒤에야 감옥에서 풀려났지.

또한 윤동주, 한용운, 이상화, 이육사 등 많은 문학가가 작품을 통해 민족정신을 지켰어. 한용운과 이상화, 이육사는 독립을 소망하는 문학 작품을 썼을 뿐만 아니라, 독립운동가로도 활동했어. 한용운은 3·1 운동을 이끈 민족 대표 33인 가운데 한 사람이야. 이상화는 3·1 운동이 벌어졌을 때, 대구에서 친구들과 학생 만세 시위를 준비했지.

시인 윤동주는 일제의 지배를 받는 조국의 현실을 가슴 아파했어. 독립을 향한 희망을 잃지 않고 시에 담았지. 독립을 이루는 날까지 부끄럽지 않게 살겠다며 일제에 대한 저항 의식을 드러냈단다.

윤동주의 시집 《하늘과 바람과 별과 시》

이육사의 원래 이름은 '이원록'이야. 이원록은 여러 독립운동 단체에서 활동하다가 열일곱 번이나 감옥에 갇혔어. 감옥에서는 죄수복을 입고 가슴에 이름 대신 번호를 써 붙여. 그런데 이원록이 처음 감옥에 갇혔을 때, 가슴에 달게 된 번호가 264번이었어. 그래서 이원록은 자신의 호를 '육사'로 짓고, 이육사라는 이름으로 문학 작품을 발표했지. 이육사는 우리나라의 광복을 기대하는 시를 썼는데, 안타깝게도 광복되기 한 해 전에 감옥에서 세상을 떠났어.

일제 주요 감시 대상 인물 카드에 실린 한용운과 그가 쓴 《님의 침묵》

핵심 콕콕 역사 퀴즈

● 다음 설명이 맞으면 〇표, 틀리면 ✕표 해 보세요.

(1) 일제는 끊임없이 우리의 역사를 왜곡하며,
   사람들에게 그릇된 생각을 심으려고 했다. 〇 ✕

(2) 이육사는 일제의 침략을 비판하는 글을 쓰고,
   《이순신전》, 《을지문덕전》을 펴냈다. 〇 ✕

(3) 조선어 학회는 우리의 말과 글을 연구하는 단체로,
   사람들에게 한글을 가르치고 '한글 맞춤법 통일안'을
   정했다. 〇 ✕

(4) 일제가 조선어 학회 회원들을 감옥에 가둔
   '조선어 학회 사건'으로, 조선어 학회는 해산되었다. 〇 ✕

(5) 한용운, 윤동주, 이상화, 이육사 등 많은
   문학가가 독립을 향한 소망, 일제에 대한
   저항 등을 문학 작품에 담았다. 〇 ✕

88

서술·논술 완벽 대비

① 신채호는 일제의 역사 왜곡에 맞서 어떤 일을 했는지 써 보세요.

> 신채호는 독립운동가이자 역사 학자였지.

② 다음은 민족시인 심훈이 일제 강점기에 쓴 시 '그날이 오면'의 일부입니다. 시에서 '그날'은 언제를 말하는지 써 보세요.

그날이 오면, 그날이 오면

삼각산이 일어나 더덩실 춤이라도 추고

한강 물이 뒤집혀 용솟음칠 그날이 오면

> 민족시인은 민족 고유의 감정과 정신을 나타내는 시를 지었어.

광복과 대한민국 정부 수립

대한민국 임시 정부는 1940년에 '한국광복군'이라는 군대를 만들었어. 한국광복군은 일본과 결전을 벌이기 위해 단단히 준비하면서 외교 활동도 벌였어. 제2차 세계 대전에서 일본과 싸웠던 연합국에 독립을 바라는 우리의 굳은 의지를 알린 거야.

한국광복군 총사령부 성립 전례식(1940년 9월 17일) 한·중 대표들이 만나 사진을 찍었어. ● 표시한 왼쪽부터 지청천, 김구의 모습이 보여.

연합국도 우리나라의 독립을 약속했단다.

한편, 전쟁의 승리가 연합국 쪽으로 기울었는데도 일본은 항복하지 않고 버텼어. 그러자 1945년 8월, 미국이 일본의 히로시마와 나가사키에 원자 폭탄을 떨어뜨렸지. 원자 폭탄의 위력은 무시무시했어. 두 도시는 순식간에 잿더미로 변했단다. 일본 왕은 떨리는 목소리로 연합국에 무조건 항복한다고 말했어.

광복을 맞이해 마포 형무소에서 출옥한 독립운동가들이 만세를 외치고 있어.

마침내 1945년 8월 15일, 우리나라는 꿈에도 그리던 광복을 맞았어.

"대한 독립 만세!"

사람들은 만세를 부르며 거리로 쏟아져 나왔지.

광복을 맞자 전쟁터나 탄광으로 끌려갔던 사람들이 고향으로 돌아왔어. 나라 밖에서 활동하던 독립운동가도 돌아왔지. 독립운동가는 '조선 건국 준비 위원회'를 만들어서 어수선한 나라를 돌보는 한편, 완전한 독립 국가를 세울 준비를 했단다.

그런데 뜻밖의 일이 생겼어. 한반도의 38도선을 경계로 남쪽에는 미군이, 북쪽에는 소련군이 들어온 거야. 미국과 소련은 한반도에 남아 있는 일본군을 몰아내기 위해서 들어왔다고 했지만 이유는 그게 다가 아니었지.

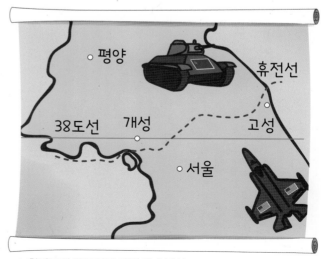

▲ 한반도의 38도선과 지금의 휴전선

왜 갑자기 미국과 소련이 나타난 거죠?

한반도를 반으로 뚝 잘라 나눈 것도 궁금해요!

일단 미국과 소련은 군사 작전상 38도선을 나눴다고 했지만 그 속내는 따로 있었어.

자본주의 자유롭게 경쟁하며 일을 해서 번 돈을 개인이 갖는 제도

사회주의 부자와 가난한 사람이 없도록 평등하게 재산을 나누어 갖는 제도

당시 미국과 소련은 국가를 운영하는 방식을 두고 팽팽하게 맞서고 있었어. 미국은 자본주의, 소련은 사회주의 방식으로 나라를 운영하는 게 옳다고 주장했지. 서로 생각이 다른 미국과 소련은 우리나라를 자기 편으로 끌어들이려고 했어.

그러던 1945년 12월, 미국과 영국, 소련이 '모스크바 3국 외상 회의'를 열었는데, 이 회의에서 한반도에 임시 민주 정부를 세우고, 정부가 들어설 때까지 최대 5년간 '신탁 통치'를 하기로 결정이 났어. 쉽게 말해 정부가 들어설 때까지 연합국이 우리나라를 통치하는 거란다.

이 소식이 알려지자, 우리 국민들은 신탁 통치를 거세게 반대했어.

미국과 소련은 이 문제를 해결하려고 '미소 공동 위원회'를 열었지만 합의하지 못했고 결국 우리나라 문제를 국제 연합(UN)에 넘겨 버렸지. 국제 연합은 선거가 가능한 곳에서 총선거를 하라고 했어. 이에 따라 남한만 선거를 치르기로 결정이 났지.

통일 정부를 수립하길 바라던 많은 사람이 이 결정에 반대했어. 김구는 통일 정부를 세우자고 호소하면서 평양으로 가서 북한의

대한민국 임시 정부의 주요 인물(1945년 11월 3일) 귀국하기 직전에 중국 충칭에서 기념으로 찍은 사진이야.

정치 지도자들과 협상도 벌였지.

　1948년 4월 3일, 제주도에서는 남한만 정부를 세우는 것에 반대하는 사람들이 무기를 들고 일어났어. 그런데 군인과 경찰이 진압하는 과정에서 무력을 사용해 마을이 불타고, 2만 명이 넘는 주민이 억울하게 목숨을 잃었단다. 이 일을 '제주 4·3 사건'이라고 해.

대한민국 정부 수립을 선포하는 기념식(1948년 8월 15일)

　이처럼 많은 사람이 단독 정부 수립에 반대했지만, 결정을 돌리지는 못했어. 1948년 5월 10일, 남한에서는 국회 의원을 뽑는 선거가 치러졌어. 선거에서 당선된 국회 의원들은 이승만을 초대 대통령으로 뽑았지. 1948년 8월 15일, 대한민국 임시 정부의 전통을 잇는 '대한민국 정부'가 세워졌단다.

　한편, 북한은 1948년 9월 9일에 정부를 세웠어. 나라 이름은 '조선 민주주의 인민 공화국'이라고 했지. 이렇게 두 개의 정부가 들어서면서 우리나라는 남과 북으로 나누어지게 되었단다.

初 처음 **초**
代 대신할 **대**
차례로 이어 나가는
자리나 지위에서 그
첫 번째에 해당하는
차례. 또는 그런 사람

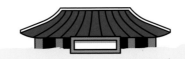

핵심 콕콕 역사 퀴즈

○ 우리나라가 광복을 맞은 뒤 남과 북으로 나뉘기까지, 과정에 맞게 빈칸에 번호를 써 보세요.

미국과 소련은 임시 정부를 세우는 문제를 의논하려고, '미소 공동 위원회'를 열었으나 합의하지 못했고, 미국은 우리나라 문제를 국제 연합(UN)에 넘겼다.

한반도의 38도선을 경계로, 남쪽에는 미군이, 북쪽에는 소련군이 들어왔다.

3

모스크바 3국 외상 회의에서 한반도에 임시 민주 정부를 세우고, 정부가 들어설 때까지 최대 5년간 신탁 통치하기로 결정되었다.

1945년 8월 15일, 우리나라가 광복을 맞았다.

북한은 1948년 9월에 정부를 세우고 나라 이름을 '조선 민주주의 인민 공화국'이라고 했다. 이렇게 두 개의 정부가 들어서며 우리나라는 남과 북으로 나뉘게 되었다.

5

국제 연합의 결정에 따라 남한만 선거를 하게 되었고, 남한은 1948년 8월 15일 '대한민국 정부'를 수립했다.

서술·논술 완벽 대비

❶ 한반도의 38도선을 경계로 소련과 미국이 들어온 까닭은 무엇인지 써 보세요.

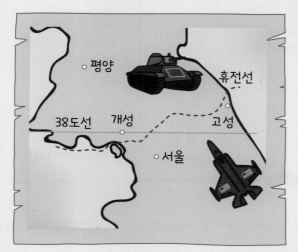

❷ 대한민국 정부를 수립할 때 김구와 이승만은 다음처럼 주장했어요. 여러분은 누구의 주장이 적절하다고 생각하나요? 까닭과 함께 써 보세요.

통일된 조국을 건설하려다가 38선을 베고 쓰러질지언정 단독 정부에 반대합니다.

김구

통일 정부를 기다리지만 잘되지 않으니, 우리 남쪽만이라도 단독 정부를 세웁시다!

이승만

민족의 비극 6·25 전쟁

남한과 북한에 서로 다른 정부가 들어서다니, 너무 안타까워요.

같은 민족이 나뉘는 게 말이 되나요?

결국, 남과 북으로 나뉜 것이 문제가 되어 비극적인 일이 일어났어.

우리 민족은 남한과 북한으로 나뉘게 되면서 각각 미국과 소련의 영향을 받았어. 미국과 소련의 사이가 나쁜 것처럼, 남한과 북한 사이도 좋지 못했지. 서로를 인정하지 않았고, 무력을 사용해서라도 통일을 이뤄야 한다는 주장까지 나왔어.

1950년 6월 25일 새벽, 북한군이 38도선을 넘어 남한을 공격했어.

▲ **북한의 남침(1950년 6~9월)** 북한의 기습으로 3일 만에 서울을 빼앗기고 낙동강까지 밀렸어.

▲ **국군과 국제 연합군의 반격(1950년 9~11월)** 인천 상륙 작전이 성공해서 압록강까지 밀고 올라갔어.

민족의 비극, 6·25 전쟁이 일어난 거야. 북한의 갑작스러운 공격에 남한은 몹시 당황했어. 더욱이 북한은 소련으로부터 무기를 지원받아 막강한 전투력을 갖춘 상태였지. 국군은 북한군에게 밀려 후퇴할 수밖에 없었단다. 북한군은 불과 3일 만에 서울을 점령했어. 국제 연합은 북한을 비판하며 침략 행위를 멈추라고 했지만 북한은 물러나지 않았지. 계속 남쪽으로 내려오며 공격했어.

▲ 함경남도 원산에 있는 사람들이 6·25 전쟁으로 피난을 가는 모습이야.

국제 연합은 남한을 돕기 위해 '국제 연합군'을 보내왔어. 국제 연합군은 미국을 중심으로 16개 나라의 군인들로 이루어졌어. 국군과 국제 연합군이 함께 북한군과 전투를 벌였단다. 북한군의 힘은 만만치 않았어. 북한군은 낙동강 아래 지역만 남긴 채 남한 대부분을 차지했지. 국군과 국제 연합군은 '인천 상륙 작전'을 펼쳤어. 한반도의 허리에 위치한 인천으로 갑자기 들이닥쳐서 북한군을 공격하는 작전이었지.

▲ 중국군 개입(1950년 10월~1951년 3월)
국군과 국제 연합군이 중국군에 밀려 38도선 남쪽으로 후퇴했어.

▲ 전선 고착·휴전(1951년 3월~1953년 7월)
밀고 밀리는 전투가 계속됐어.

인천 '레드 비치'에 상륙하고 있는 미 해병 대원들(1950년 9월 15일)
상륙 작전은 바다에서 배를 타고 적이 점령한 땅에 올라가 공격하는 거야.

인천 상륙 작전은 성공했어. 국군과 국제 연합군은 북한군을 몰아내고 빼앗겼던 서울을 되찾았지. 계속 밀고 올라가서 평양으로 들어가 북한 지역을 점령하며 압록강까지 다다랐단다. 그런데 중국이 끼어들어 북한을 돕기 시작했어. 어마어마하게 많은 중국군이 압록강을 넘어 몰려왔지. 중국군이 왜 북한을 도왔느냐고? 사회주의 국가인 중국이 북한을 도와 사회주의 영향력을 넓히려는 의도였어.

국군과 국제 연합군은 중국군 때문에 한강 남쪽으로 후퇴해야 했어. 서울을 뺏고 빼앗기며 38도선 부근에서 밀고 밀리는 전투를 계속했어. 조금이라도 땅을 더 차지하려고 밀고 밀리는 전쟁이 계속되었지. 전쟁은 국제전으로 확대되었고, 전쟁을 잠시 멈출 것을 의논하는 정전 협상이 열렸어. 협상은 자그마치 2년이나 이어졌단다. 그리고 마침내 1953년 7월, 정전 협정을 맺었어. 전쟁을 멈추기로 하고, 점령하고 있는 땅을 기준으로 휴전선을 정했지.

休	쉴	**휴**
戰	전쟁	**전**
線	선	**선**

전쟁을 얼마 동안 멈추겠다는 협정에 따라 한반도의 가운데를 가로질러 설정된 군사 경계선

6·25 전쟁은 우리 민족에게 엄청난 상처를 남겼어. 전쟁터가 된 한반도는 건물과 도로, 철도, 논밭이 파괴되어 폐허로 변했어. 소중한 문화유산과 역사 자료도 불에 타 버렸단다.

'백마고지'에서 짐을 나르는 유엔군(1952년 8월~1953년 6월) 백마고지는 강원도 철원군에 있는 6·25 격전지로, 이곳을 차지하기 위한 전투가 치열했어.

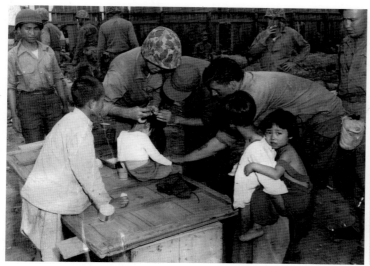

미국 군의관에게 치료받고 있는 어린이(1950년 10월 7일)　　　피난길에서 울고 있는 아기(1951년 6월 25일)

　　또한 국군과 국제 연합군, 민간인 등 수백만 명이나 되는 사람이 다치거나 목숨을 잃었어. 10만 명이나 되는 아이들이 6·25 전쟁으로 부모를 잃고 고아가 됐지. 이리저리 피란을 다니느라 가족과 헤어진 사람도 천만 명이나 생겼어. 게다가 휴전선으로 남과 북이 다시 나뉘면서 영영 고향으로 돌아가지 못하고 가족을 만날 수 없게 된 사람도 많았단다.

민간인 관리나 군인이 아닌 일반 사람

　　무엇보다 6·25 전쟁은 한민족인 남한과 북한이 서로를 몹시 미워하는 마음을 갖게 했어. 6·25 전쟁이 끝난 지 70년가량 되었지만, 지금도 남과 북은 서로를 향해 총부리를 겨누고 있지.

그렇게 우리는 전 세계에서 유일하게 남은 분단국가가 되었죠.

우리의 소원은 통일~ 통일이여 오라~.

정확히 말하면 냉전 이후 이념 갈등으로 분단된 채 통일이 되지 못한 유일한 국가지.

핵심 콕콕 역사 퀴즈

○ 빈칸에 알맞은 말을 보기 에서 골라 쓰며, 6·25 전쟁의 과정을 정리해 보세요.

보기
중국군	북한군	정전 협정	인천 상륙 작전

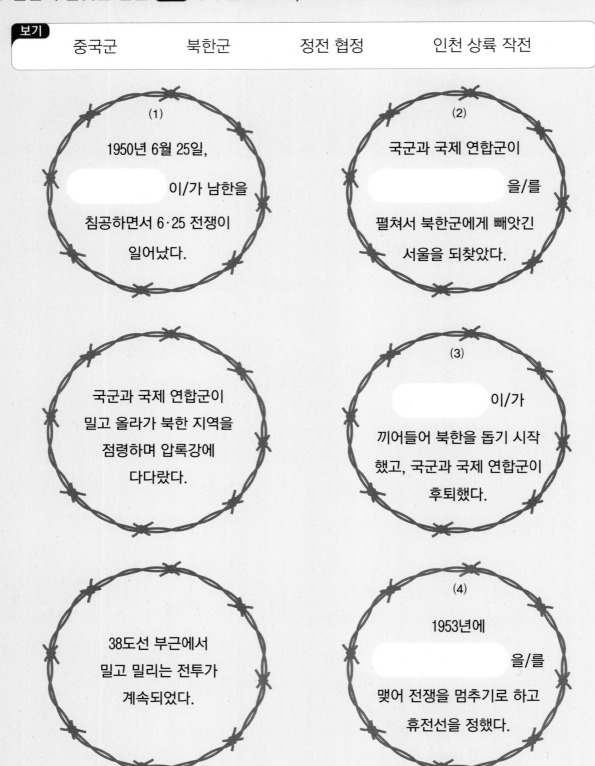

(1) 1950년 6월 25일, _____이/가 남한을 침공하면서 6·25 전쟁이 일어났다.

(2) 국군과 국제 연합군이 _____을/를 펼쳐서 북한군에게 빼앗긴 서울을 되찾았다.

국군과 국제 연합군이 밀고 올라가 북한 지역을 점령하며 압록강에 다다랐다.

(3) _____이/가 끼어들어 북한을 돕기 시작했고, 국군과 국제 연합군이 후퇴했다.

38도선 부근에서 밀고 밀리는 전투가 계속되었다.

(4) 1953년에 _____을/를 맺어 전쟁을 멈추기로 하고 휴전선을 정했다.

서술·논술 완벽 대비

1 6·25 전쟁이 일어난 배경을 써 보세요.

2 6·25 전쟁으로 우리나라가 입은 피해를 3가지 이상 써 보세요.

부정 선거와 4·19 혁명

6·25 전쟁 이후, 국민은 폐허가 된 나라를 일으켜 세우기 위해 노력했어.

이때 대통령은 누구였어요?

다음 대통령이 궁금해요.

우리나라의 제2대 대통령도 이승만이었어. 오늘날에는 대통령을 한 번만 할 수 있고, 국민이 직접 투표하는 '직접 선거'로 대통령을 뽑지. 하지만 처음에는 국회 의원이 국민 대신 투표하는 '간접 선거'로 대통령을 뽑았어. 두 번까지 대통령을 할 수 있었지.

그럼, 국회 의원들이 또 이승만을 대통령으로 뽑은 거냐고? 아니, 당시 국회 의원들은 이승만을 지지하지 않았어. 다른 사람을 대통령으로 뽑으려고 했지. 하지만 대통령을 또 하고 싶었던 이승만은 헌법을 고쳤어. 간접 선거가 아닌 직접 선거로 대통령을 뽑도록 바꾸어 1952년에 제2대 대통령에 당선된 거야.

그로부터 4년 뒤인 1956년, 이승만은 또 제3대 대통령이 됐어. 이승만 정부는 정권을 이어가려고 안간힘을 썼지. 이승만의 경쟁자가 될 인물이

제3대 대통령 선거와 제4대 부통령 선거 선전물 이승만(오른쪽)과 이기붕(왼쪽)이 각각 대통령과 부통령 후보로 지명되었어.

선거에 나오려고 하자, 간첩이라는 누명을 씌워서 감옥에 가둔 다음 사형 선고를 내렸단다.

그러던 1960년 3월 15일에 제4대 대통령과 부통령을 함께 뽑는 선거가 열렸어. 이승만 정권은 선거에서 이기기 위해 갖가지 부정한 방법을 동원했어. 투표함에 표를 몰래 넣어 놓는가 하면, 투표함을 통째로 바꿔치기도 했지.

그러자 이승만 정권에 대한 불만이 터져 나왔어.

"대통령을 계속하려고 헌법을 몇 번이나 바꾸더니, 해도 너무하네!"

"선거를 조작하는 건 국민의 뜻을 무시하는 거야. 그런 자들에게 나라의 운영을 맡길 수 없다!"

부통령 대통령을 돕는 일을 하면서 대통령에게 사고가 생기면 대통령을 대신하는 사람이지. 이때는 부통령을 뽑았는데, 오늘날 우리나라는 부통령을 뽑지 않아.

이승만 정권의 '3·15 부정 선거'에 항의하는 시위가 여기저기서 일어났어. 경상남도 마산(오늘날 창원)에서도 학생과 시민들이 거리로 나와 시위를 벌였지. 그러자 경찰이 최루탄을 쏘며 시위를 막았고, 이로 인해 많은 사람이 죽거나 다쳤어.

최루탄 눈물이 날 정도로 심한 자극을 주는 물질을 넣은 탄환

그런데 얼마 뒤인 4월 11일, 마산 앞바다에 시신이 한 구 떠올랐어. 3·15 부정 선거 시위에 참여했다가 집에 돌아오지 않은 고등학생 김주열의 시신이었지. 김주열의 얼굴에는 경찰이 쏜 최루탄이 박혀 있었단다.

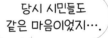

이 사실을 알게 된 마산 시민들은 몹시 분노했어. 2만 명이나 되는 시민이 거리로 몰려나와 외쳤지.

"김주열을 살려 내라!"
"이승만은 물러나라!"

김주열의 사망을 슬퍼하며 시위하는 여고생들

시위는 들불처럼 전국으로 번졌어. 1960년 4월 19일, 서울에서는 10만 명이나 되는 시민이 모여 시위를 벌였어. 시위대 속에는 초등학생들도 있었지.

이승만 정부는 다시 무력으로 시위를 진압했어. 이때 다친 사람이 1천 명이 넘고, 100여 명이 목숨을 잃었단다. 그러나 시민들은 시위를 멈추지 않았어. 시위에 참여하는 사람은 더욱 늘어났지.

결국 국민의 거센 요구에 이승만은 대통령 자리에서 물러났어. 권력을 움켜쥐기 위해 독재와 부정 선거를 저지른 이승만을 국민이 몰아낸 이 사건을 '4·19 혁명'이라고 한단다.

▶ 트럭 위에 올라가 시위하는 시민과 학생들 1960년 4·19 혁명 당시 비상 계엄령이 선포되었을 때 시민과 학생들이 트럭 위에 올라가 시위했어.

▶ 시위하는 수송 초등학교 (당시 국민학교) 학생들 4월 19일 6학년 전한승이 집으로 가던 중 경찰이 쏜 총에 맞아 숨지는 일이 발생했어. 그러자 4월 26일 같은 학교 학생들이 시위하러 나왔단다.

핵심 콕콕 역사 퀴즈

○ 이승만과 4·19 혁명에 대해 바르게 설명한 내용을 찾아 ○표 해 보세요.

(1)
우리나라의
초대 대통령은
이승만이었어.

(2)
이승만은 헌법을 고쳐서
제2대 대통령 선거에서도
당선됐지.

(3)
이승만은 자신의 경쟁자와
정정당당하게 선거전을
치렀어.

(4)
김주열은 3·15 부정
선거에 반대하는 시위를
하다 목숨을 잃었어.

(5)
이승만 정부를
비판하는 시위는
마산에서만 벌어졌지.

4·19 혁명으로
이승만은 대통령 자리에서
물러났어.

서술 · 논술 완벽 대비

❶ 이승만이 헌법을 바꾼 이유는 무엇인지 써 보세요.

❷ '4·19 혁명'은 무엇이고, 어떤 의의가 있다고 생각하는지 써 보세요.

4·19 혁명은

4·19 혁명의 의의는

군인들이 정권을 잡다

이승만이 물러난 뒤에는 어떻게 됐어요?

독재 정권을 몰아냈으니, 민주적인 정권이 들어섰겠죠?

국민들도 그런 기대를 하고 있었지.

장면 총리(왼쪽) 1961년 중앙청에 처음으로 등장하는 모습이야.

이승만의 독재를 지켜본 사람들은 대통령의 힘이 강해서는 안 된다고 생각해서 정부를 '대통령 중심제'에서 '의원 내각제'로 바꿨지. 대통령 중심제는 말 그대로 대통령이 중심이 되어 나라를 운영하는 거야. 의원 내각제는 간단히 설명하면 국회와 총리가 중심이 되어 나라를 운영하는 거란다. 대통령이 있긴 하지만 권한이 약해진 거지.

이승만 정부가 무너진 뒤에 윤보선이 제4대 대통령이 되고, 장면이 총리가 됐어. 그래서 이 정부를 '장면 정부'라고 해. 새로 들어선 정부는 혼란스러운 사회를 안정시키려고 했어. '경제 개발 5개년 계획'을 세워서 경제를 발전시키려고 했지.

쿠데타 무력으로 정권을 빼앗는 일

그런데 1961년 5월 16일, 박정희를 중심으로 한 군인 세력이 쿠데타를 일으켜 서울의 주요 기관을 점령했어. 이 사건을 '5·16 군사 정변'이라고 해. 박정희가 이끄는 군인 세력은 이렇게 말했어.

"부패하고 무능한 정치인들에게 국가와 민족의 운명을 맡길 수 없습니다. 나라가 안정을 되찾으면 양심 있는 정치인에게 정권을 넘기고 다시 군인으로 돌아가겠습니다."

하지만 이 말은 진심이 아니었어. 1963년, 박정희가 제5대 대통령이 됐거든. 박정희는 경제 발전을 가장 중요하게 여겼어. 이전 정부가 세워 놓았던 경제 개발 5개년 계획을 추진하기 시작했지. 그런데 문제가 생겼어. 산업을 발전시키려면 도로와 철도, 발전소 같은 시설을 만들어야 하는데, 그럴 돈이 없었던 거야.

경제 개발 5개년 계획 경제를 성장시키기 위해 1962년부터 1981년까지 추진한 계획이야.

박정희 정부는 돈을 마련하기 위해 독일에 광부와 간호사를 파견했어. 미국의 요청으로 베트남 전쟁에 군인도 보냈지. 그 대가로 독일과 미국으로부터 돈을 빌리거나 받았어.

파견 일정한 임무를 주어 사람을 보냄

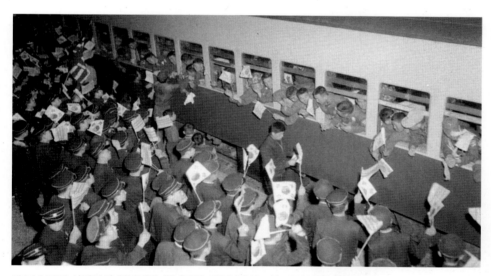

베트남 파병 사람들이 태극기를 휘날리며 베트남으로 가는 군인들을 배웅하고 있어.

박정희 정부는 1965년에 일본과 외교 관계를 회복하는 '한일 협정'을 맺으며 일본으로부터 경제적 지원을 받았어. 일본으로부터 3억 달러를 받고 2억 달러를 빌려왔지. 그러나 이때 일본은 식민 지배에 관한 보상을 하지 않았어. 국민들은 한일 협정을 반대했지만, 박정희 정부는 밀어붙였지.

박정희는 1967년에 제6대 대통령이 됐어. 이로써 대통령을 두 번 한 박정희는 헌법에 따라 다음 선거에 나올 수 없었지. 하지만 박정희도 이승만처럼 계속 대통령을 하기 위해 헌법을 고쳤어. 그래서 제7대 대통령도 박정희였어.

헌법 국가를 운영하는 근본을 담은 가장 기본이 되는 법이야. 법 위의 법으로 다른 법률이나 명령으로 바꿀 수 없어.

그러더니 1972년 10월에 헌법을 다시 고쳤는데, 이를 '유신 헌법'이라고 해. 유신 헌법에는 대통령의 임기를 4년에서 6년으로 늘리고, 횟수에 상관없이 대통령이 될 수 있다는 내용이 들어 있었어.

유신 헌법은 대통령의 권한을 강화해서 독재를 가능하게 만든 헌법이었어. 유신 헌법으로 박정희는 국회를 해산할 권리인 '국회 해산권', 재판하는 법관을 임명

통일 주체 국민 회의 유신 헌법에 근거해서 만든 기관으로 여기에서 대통령과 국회 의원 3분의 1을 뽑았어. 1972년 제1차 회의에서 전원 참석하에 지지 2,357표 무효 2표로 박정희가 제8대 대통령에 선출됐어.

할 권리인 '법관 임명권'을 가졌어. 여기에 긴급 조치를 내려서 국민의 자유와 권리까지 제한할 수 있는 '긴급 조치권'까지 거머쥐었지.

"유신 헌법에 반대한다!"

학생들이 시위를 벌이면 박정희는 즉시 긴급 조치를 선포해 학생들을 감옥에 가두었지. 자신에게 맞서는 사람들을 철저하게 탄압하며 독재 정치를 이어 간 거야.

박정희는 머리 모양이나 옷차림 같은 개인의 자유로운 선택까지 규제했어. 남자들이 머리를 기르지 못하게 단속하고, 여자들이 짧은 치마

장발 단속 1970년대에는 머리를 기르는 장발이 유행했는데, 박정희 정부는 풍속을 어지럽힌다며 이를 단속했어.

를 입는 것도 금지했단다. 경찰이 가위로 머리카락을 자르거나 자로 치마 길이를 재는 일이 거리 곳곳에서 벌어졌지. 또한 야간 통행금지도 실시했어. 사람들은 자정부터 새벽 4시까지는 집 밖을 마음대로 돌아다닐 수 없었어.

박정희의 독재 정권을 비난하는 목소리는 날이 갈수록 높아졌어. 정치인은 물론이고, 학생과 노동자, 종교인 등이 곳곳에서 시위했지. 그러던 1979년 10월 26일, 박정희는 부하인 김재규의 총에 맞아 숨을 거두었어. 이로써 18년 동안 이어진 박정희 정권도 끝이 났지.

독재 특정한 개인이나 집단이 모든 권력을 차지해 일을 독단으로 처리함

헉! 대통령을 18년 동안이나 하다니!

오늘날의 민주주의는 끝까지 독재에 맞선 노력의 산물이란다.

이제 독재는 끝나나요?

핵심 콕콕 역사 퀴즈

O 다음 설명이 맞으면 〇표, 틀리면 ✕표 해 보세요.

(1)
이승만 정부가 무너진 뒤,
윤보선이 제4대 대통령이 되고
장면이 총리가 됐다.

(2)
제5대 대통령이 된 박정희는
이전 정부가 세운 경제 개발
5개년 계획을 없앴다.

(3)
박정희는 제6대 대통령이 된 뒤,
계속 대통령을 하기 위하여
헌법을 고쳤다.

(4)
박정희는 유신 헌법을 만들어
대통령의 임기를 늘리고,
대통령의 권한을 축소했다.

(5)
정치인, 학생, 노동자, 종교인 등
많은 사람이 유신 체제를
비판했다.

(6)
박정희는 부하인
김재규의 총에 맞아
숨을 거두었다.

서술·논술 완벽 대비

1 5·16 군사 정변이 무엇인지 써 보세요.

✎

2 다음은 유신 헌법의 일부 내용입니다. 제시된 내용을 보고 유신 헌법을 통해 무엇을 하려고 했는지 써 보세요.

> - 횟수에 상관없이 대통령이 될 수 있다
> - 대통령의 임기를 4년에서 6년으로 늘린다
> - 국회의 권한을 약화시킨다.
> - 대통령은 긴급 조치 명령을 내릴 수 있다.

✎

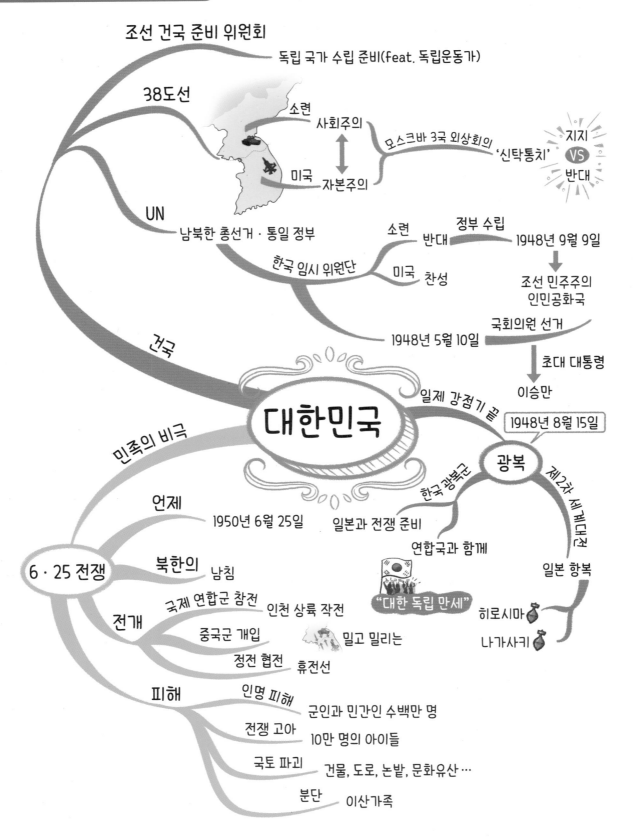

조선 건국 준비 위원회

독립 국가 수립 준비(feat. 독립운동가)

38도선

소련 ── 사회주의

미국 ── 자본주의

모스크바 3국 외상회의 '신탁통치'

지지 VS 반대

UN

남북한 총선거·통일 정부

한국 임시 위원단

소련 ── 반대

미국 ── 찬성

정부 수립

1948년 9월 9일

조선 민주주의 인민공화국

국회의원 선거

1948년 5월 10일

초대 대통령

이승만

건국

대한민국

일제 강점기 끝

1948년 8월 15일

광복

제2차 세계대전

한국 광복군

일본과 전쟁 준비

연합국과 함께

"대한 독립 만세"

일본 항복

히로시마

나가사키

민족의 비극

6·25 전쟁

언제 ── 1950년 6월 25일

북한의 ── 남침

전개

국제 연합군 참전 ── 인천 상륙 작전

중국군 개입 ── 밀고 밀리는

정전 협전 ── 휴전선

피해

인명 피해 ── 군인과 민간인 수백만 명

전쟁 고아 ── 10만 명의 아이들

국토 파괴 ── 건물, 도로, 논밭, 문화유산 …

분단 ── 이산가족

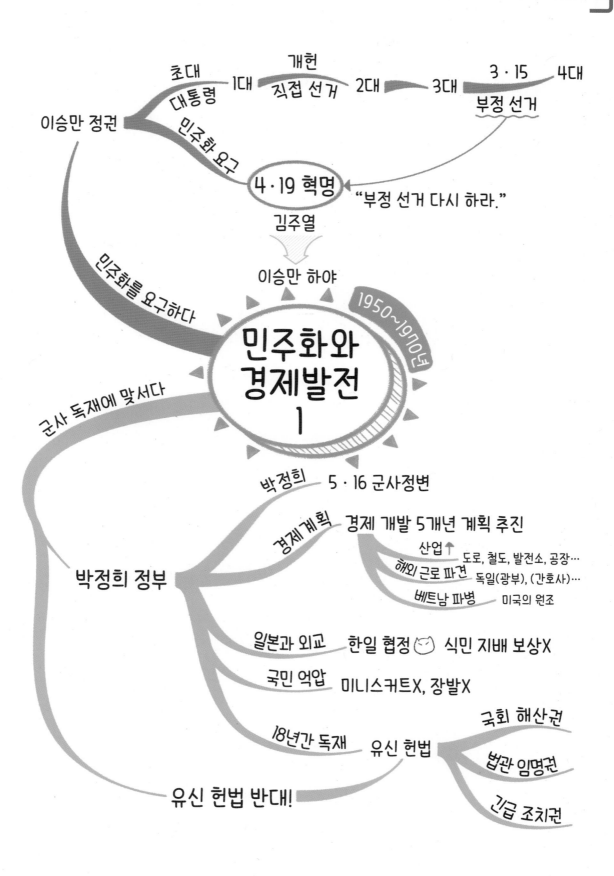

이승만 정권

초대
1대 ── 개헌 ── 2대 ── 3대 ── 3·15 ── 4대
대통령 ── 직접 선거 ── 부정 선거
민주화 요구

3·15 부정 선거
"부정 선거 다시 하라."

4·19 혁명
김주열

이승만 하야

민주화를 요구하다

군사 독재에 맞서다

1950~1970년

민주화와
경제발전
1

박정희 ── 5·16 군사정변

박정희 정부

경제 계획 ── 경제 개발 5개년 계획 추진
산업↑ ── 도로, 철도, 발전소, 공장…
해외 근로 파견 ── 독일(광부), (간호사)…
베트남 파병 ── 미국의 원조

일본과 외교 ── 한일 협정 ── 식민 지배 보상X

국민 억압 ── 미니스커트X, 장발X

18년간 독재 ── 유신 헌법 ── 국회 해산권
법관 임명권
긴급 조치권

유신 헌법 반대!

○ 조선어 학회 회원이었던 최현배는 다음과 같은 글을 남겼어요. 이 글에 담긴 뜻을 짐작해서 한글에 대한 정의를 내리고, 그렇게 정의한 까닭도 써 보세요.

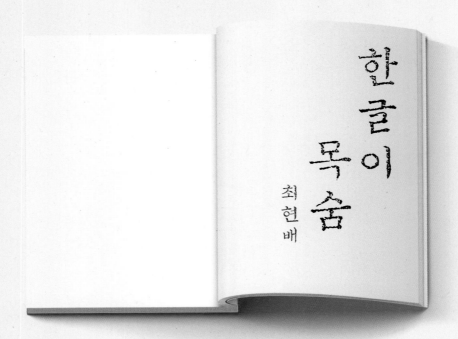

한글이 목숨

최현배

• 뜻 :

• 나의 정의 : 한글은 (   )이다. 왜냐하면

○ 6·25 전쟁에 대해 조사해서 발표 자료를 만들어 보세요.

- 시작

- 전개

- 결과

- 내 생각

1980년	1987년	1988년
5·18 민주화 운동	6월 민주 항쟁	서울 올림픽 대회 개최

4주

1997년
국제 통화 기금(IMF)
구제 금융 신청

2000년
제1차 남북 정상 회담

2002년
한일 월드컵 개최

경제 성장의 빛과 그림자

- 참, 경제 개발 5개년 계획은 어떻게 됐어요?
- 경제가 좀 나아졌나요?
- 우리나라 경제가 어떻게 발전해 왔는지 들려줄게.

推 옮길 **추**
進 나아갈 **진**
목표를 향해 밀고 나아감

'경제 개발 5개년 계획'은 정부가 경제를 성장시키기 위해 1962년부터 1981년까지 추진한 계획이야. 계획한 일을 5년마다 1차, 2차로 나누어 진행했기 때문에 이런 이름이 붙었지.

당시 우리나라 경제 사정은 몹시 어려웠어. 일제에 오랫동안 수탈당했고, 6·25 전쟁으로 나라는 폐허가 되었으니까. 사람들은 대부분 먹고살기가 힘들었지. 그러던 때에 박정희 정부가 경제를 발전시키겠다고 하자, 국민들은 무척 반가워했어.

여공 공장에서 일하는 여자

- 1950년대에 우리나라에 처음 알려진 나일론은 어린 여공 손에서 생산되었대요.

1960년대 방직 공장 실을 뽑고 천을 짜는 방직 공장이 폭발적으로 늘었는데 주로 나이가 어린 여공들이 일했어.

- 그래, 1960년대에는 나일론이 수출 산업으로 성장했단다.

"우리도 한번 잘살아 보자!"

국민들은 허리띠를 꽉 졸라매고 열심히 일했지.

박정희 정부는 공장에서 물건을 만들어 파는 공업을 키웠어. 우리나라 곳곳에 공장이 들어섰고, 공장에서 만든 물건을 다른 나라에 팔아 돈을 벌어들였지.

1960년대에 우리나라는 노동력은 풍부했지만, 기술과 자본이 부족했어. 그래서 옷이나 신발, 가발 등을 많이 생산했지. 이렇게 크기에 비해 무게가 가벼운 물건을 생산하는 공업을 '경공업'이라고 해.

자본 장사나 사업 등의 기본이 되는 돈

점차 기술과 자본을 갖춘 1970년대부터는 배, 자동차, 강철, 기계 등을 만드는 '중공업'이 발전했지. 중공업은 크기에 비해 무게가 무거운 물건을 만드는 공업이란다.

한편, 정부는 1970년대부터 '새마을 운동'도 벌였어. 농촌의 생활 환경을 더 좋게 바꾸려는 거야. 빠르게 발전하는 도시와 달리 농촌은 낙후돼 있었거든. 새마을 운동을 벌여 초가지붕을 기와지붕으로 바꾸고, 마을 길을 넓히는 등 농촌의 생활 환경을 바꾸려고 했지.

낙후 기술이나 문화, 생활의 수준이 일정한 기준에 미치지 못하고 뒤떨어짐

1976년 새마을 운동 공사 현장

 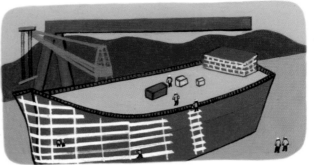

해가 갈수록 우리나라의 모습은 눈에 띄게 달라졌어. 폐허였던 자리에는 건물들이 들어섰고, 다리와 철도, 고속 도로가 만들어졌지. 항구에는 수출할 물건을 실은 배가 쉼 없이 드나들었어. 우리나라의 경제가 빠르게 성장하는 모습에 외국인들은 깜짝 놀라며, 이를 '한강의 기적'이라고 했어.

그런데 알고 보면 그 시대의 경제 발전은 수많은 노동자의 땀과 눈물로 이룬 거란다. 공장에서는 물건을 싼값에 많이 만들기 위해 노동자에게 적은 돈을 주고, 많은 일을 시켰지. 일하는 곳의 환경도 아주 나빴어. 비좁고 먼지가 가득한 공장에서 10대 소녀들이 하루에 약 15시간이나 일을 했지.

근로 기준법 헌법에 의거해 근무 조건의 기준을 정한 법률로 근로자의 기본 생활을 보장하는 게 목적이야.

우리나라에는 근무 조건을 정해 놓은 '근로 기준법'이 있었어. 하지만 공장들이 돈을 많이 벌 욕심에 근로 기준법을 따르지 않았던 거야. 정부도 이를 눈감아 주었지.

옷 공장에서 재단사로 일하던 청년 전태일은 열악한 근로 환경을 바꾸어야 한다고 생각했어. 그래서 공장이 근로 기준법을 제대로 지키게 해 달라고 정부에 여러 번 요청했지. 하지만 박정희 정부는 들어주지 않았어.

스물두 살이 된 전태일은 1970년 11월 13일 시위에 나섰어. 경찰이 시위를 막으며 끌고 가려고 하자, 준비해 간 휘발유를 자신의 몸에 부은 다음 불을 붙였지.

"근로 기준법을 준수하라! 우리는 기계가 아니다!"

전태일은 이렇게 외치며 숨을 거두었어. 전태일의 희생으로 경제 발전의 그늘에 가려진 노동자의 힘겨운 삶이 우리 사회에 널리 알려졌어. 많은 학생과 지식인이 전태일의 뜻을 이어 노동 운동을 벌였단다.

재단사 옷감을 치수에 맞게 재거나 자르는 일을 하는 사람

◀◀ 전태일(오른쪽)과 동료 1969년에 평화시장에서 동료와 함께 찍은 사진이야. 평화시장은 전태일이 노동 운동을 벌인 곳이지
◀ 전태일 흉상 청계천 8가 전태일 다리에 세워져 있어.

핵심 콕콕 역사 퀴즈

① 다음은 무엇을 설명한 것일까요? 보기 의 글자를 결합해 빈칸을 채워 보세요.

보기

년 개 제 개 발 경 5 획 계

☐☐ ☐ ☐ ☐☐ ☐☐ 은/는 경제를 성장

시키기 위해 1962년부터 1981년까지 추진한 정책이다. 계획한 일을 5년마다

1차, 2차 나누어 진행했기 때문에 이런 이름이 붙었다.

② 다음은 우리나라 경제 성장에 대한 설명입니다. 관계있는 내용끼리 서로 연결해 보세요.

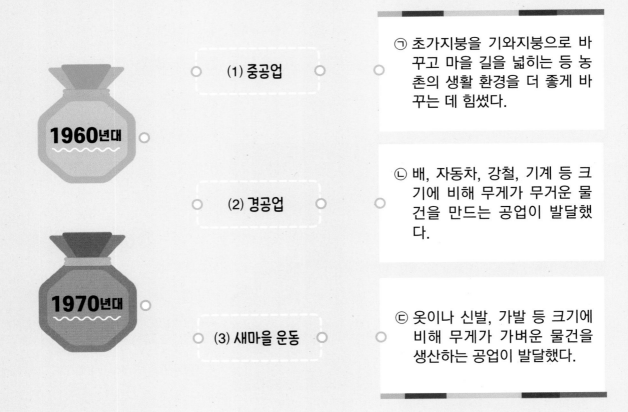

1960년대

(1) 중공업

⊙ 초가지붕을 기와지붕으로 바꾸고 마을 길을 넓히는 등 농촌의 생활 환경을 더 좋게 바꾸는 데 힘썼다.

(2) 경공업

ⓛ 배, 자동차, 강철, 기계 등 크기에 비해 무게가 무거운 물건을 만드는 공업이 발달했다.

1970년대

(3) 새마을 운동

ⓒ 옷이나 신발, 가발 등 크기에 비해 무게가 가벼운 물건을 생산하는 공업이 발달했다.

서술·논술 완벽 대비

① '한강의 기적'이라 불리는 우리나라 경제 성장은 다른 한편에 어두운 그늘이 있었습니다. 어떤 문제가 있었는지 써 보세요.

② 전태일은 근로 기준법을 지키라며 자신의 목숨을 희생했습니다. 근로 기준법이 무엇인지 쓰고, 근로 기준법에는 어떤 내용이 담겨야 할지 자신의 생각을 써 보세요.

민주화 항쟁

박정희 정부의 독재가 끝났으니, 이제 진짜 민주주의 사회가 되었나요?

아직… 민주주의 사회로 가는 길은 멀고 험난했지.

또 무슨 일이 일어난 거죠?

政 정사 **정**
變 변할 **변**
혁명이나 쿠데타 따위의 비합법적인 수단으로 생긴 정치상의 큰 변동

비상계엄 전쟁이나 이에 준하는 비상사태에 군대가 행정과 사법 업무를 관리하는 일

휴교령 일정 기간 동안 학교의 모든 기능을 정지시키는 명령

박정희가 죽은 이듬해 봄, 사람들은 민주주의 사회가 시작될 거라는 희망에 부풀어 있었어. 그런데 그 희망을 한 무리의 군인 세력이 무참히 짓밟았단다. 1979년 12월 12일, 전두환을 중심으로 한 군인들이 정변을 일으킨 거야. 이 일을 '12·12 사태'라고 부르고, 새로 권력을 잡은 군인 세력을 '신군부'라고 해.

또다시 군인들이 정권을 잡자, 시민들도 가만있지 않았어. 많은 학생과 시민이 곳곳에서 시위를 벌였지. 그러나 신군부는 무력으로 시위를 막으며 학생들을 마구 잡아갔어. 전두환은 비상계엄을 선포하고 학생들이 학교에 가지 못하게 휴교령을 내렸단다.

1980년 5월 18일, 전라남도 광주의 대학생들이 학교로 들어가려 하자, 계엄군이 학생들에게 마구 폭력을 휘둘렀어. 그 모습을 본 시민들은 분노하며 시위에 참가했어. 대규모 민주화 시위가 일어났단다.

"전두환 물러가라!"

"비상계엄 해제하라!"

전두환은 광주로 계엄군을 보냈어. 계엄군은 시민들을 향해 총을 쏘았지. 시민들은 계엄군에게 맞서기 위해 무기를 들었어. 그러자 전두환은 탱크와 헬리콥터까지 동원해 광주 시민들을 무참히 학살했어. 게다가 이 일이 알려지지 못하도록 광주를 완전히 봉쇄했지. 누구도 광주

1980년 5월 20일 광주 금남로 민주화 운동 사흘째 날의 모습이야. 학생과 시민들이 도로를 가득 메우고 계엄군과 대치하고 있어.

에서 나가거나 광주로 들어가지 못하게 한 거야. 전화선도 끊어 버린 데다 신문이나 방송 보도 역시 철저하게 막았어. 광주 시민들은 주먹밥을 만들어 시민군에게 건네며 함께했지만 계엄군에게 시위는 진압당했고, 수많은 광주 시민이 목숨을 잃었단다.

광주의 많은 시민이 민주주의를 지키기 위해 신군부에 맞선 이 일을 '5·18 민주화 운동'이라고 해. 5·18 민주화 운동은 우리나라 민주주의 발전에 밑거름이 되었어.

얼마 뒤, 전두환은 대통령이 됐어. 그러고는 조금이라도 정부를 비판하는 신문 기사나 방송 보도를 내보내지 못하게 언론을 통제했지. TV 뉴스는 언제나 전두환을 칭찬하는 내용으로 시작했지만, 그럴수록 민주화 운동은 더욱 거세졌어.

그러던 1987년 1월, 대학생 박종철이 민주화 운동에 참여했다가 경찰에 끌려갔어. 박종철은 경찰에게 모진 고문을 받다가 목숨을 잃었단다. 그런데 경찰이 그 사실을 숨기려고 했어. 언론사 기자들이 박종철이 죽은 까닭을 묻자 경찰은 이렇게 말했지.

"책상을 '탁' 치니, '억' 하고 죽었다!"

1987년 1월 20일 경찰의 고문으로 사망한 박종철의 추모제를 지내는 학생들이 서울 대학교 교문 앞으로 행진하는 모습이야.

1987년 7월 9일 이한열의 장례식 모습이야. 수많은 사람이 서울 시청 앞 광장으로 향하고 있어.

학생과 시민들은 몹시 분노해서 전두환을 비판하고, 국민이 대통령을 직접 뽑도록 헌법을 고치자고 외쳤지. '6월 민주 항쟁'이 시작된 거야. 하지만 전두환 정부는 계속해서 국민의 요구를 무시했어. 시위는 더욱 격렬해졌고, 정부의 탄압도 계속됐지.

1987년 6월에는 대학생 이한열이 최루탄에 맞아 한 달여 후 목숨을 잃었어. 국민들은 분노했고 6월 민주 항쟁은 더욱 거세졌지. 경찰들이 최루탄을 쏘며 시위를 막으려 했지만, 국민들은 시위를 멈추지 않았어.

결국 전두환 정부는 국민들의 끈질긴 요구를 받아들일 수밖에 없었어. 여당 대표인 노태우를 통해 간접 선거 제도를 직접 선거 제도로 바꾸겠다고 발표했지. 이를 '6·29 민주화 선언'이라고 부른다.

국민들의 요구대로 대통령을 국민 투표로 뽑게 된 거야.

와! 결국 우리 국민이 승리했군요.

하지만 너무나 많은 사람이 희생되어서 가슴이 아파요.

토닥
토닥

핵심 콕콕 역사 퀴즈

1 다음 글을 읽고 무엇에 대한 설명인지 연결해 보고, 빈칸에 알맞은 숫자도 써 보세요.

(1) 전두환을 중심으로 한 군인들이 일으킨 정변

(2) 광주에서 일어난 대규모 민주화 시위

(3) 민주화와 국민이 직접 대통령을 뽑도록 헌법 수정을 요구한 운동

㉠ ☀ [ ] · [ ] 민주화 운동

㉡ ☀ [ ] · [ ] 사태

㉢ ☀ [ ] 월 민주 항쟁

2 다음 중 바르게 말한 친구를 모두 찾아 ○표 해 보세요.

(1) 1980년 5월 18일, 전라남도 광주에서는 대규모 민주화 시위가 일어났어.
»

(2) 전두환은 광주로 계엄군을 보내 시민들에게 총을 쏘고, 광주를 봉쇄했지.
»

(3) 5·18 민주화 운동으로 전두환은 대통령 자리에서 스스로 물러났어.
»

(4) 6·29 민주화 선언에서 직접 선거 제도를 간접 선거 제도로 바꾸겠다고 발표했어.
»

서술 · 논술 완벽 대비

① 5·18 민주화 운동 당시 주먹밥을 만든 광주 시민이 되어 하고 싶은 말을 써 보세요.

② 6·29 민주화 선언으로 선거 제도가 어떻게 달라졌는지 써 보세요.

국민이 직접 뽑은 대통령들

이제 드디어 국민이 직접 투표를 해서 대통령을 뽑았겠네요?

이번엔 누가 대통령이 되었어요? 설마 또 군인은 아니겠죠?

아쉽게도 선거에서 군인 출신 대통령이 당선되었어.

1987년, 마침내 국민이 직접 투표해서 대통령을 뽑는 선거가 치러졌어. 여러 후보 중에 민주화를 위해 싸웠던 김대중, 김영삼 후보가 많은 지지를 받았지. 그러다 보니 표가 나뉘어 결국 신군부 세력이었던 노태우가 대통령에 당선되었단다.

이듬해인 1988년, 우리나라는 '서울 올림픽 대회'를 열어서 대한민국의 위상을 높였어. 이 무렵에는 냉전 시대가 끝나면서 소련, 중국 등 사회주의 국가와 다시 외교 관계를 맺었지.

냉전 시대 세계 여러 나라가 자본주의 미국과 사회주의 소련 편으로 나뉘어 대립하던 시기

서울 올림픽 개회식(1988년) 제24회 서울 올림픽 개회식 때 기념 공연을 펼치는 모습이야.

1993년에는 마침내 군인 출신이 아닌 김영삼이 제14대 대통령이 됐어. 김영삼 정부는 깨끗한 정치를 하겠다며 다양한 정책을 펼쳤어. 가장 먼저, 모든 금융 거래를 자신의 실제 이름으로 해야 하는 '금융 실명제', 높은 지위에 있는 공무원과 정치인의 재산

▲ 1995년 3월 지방 자치제 선거를 앞두고 서울 성북구 선거관리위원회 위원과 자원 봉사자들이 한성대 체육관에서 개표 작업을 연습하고 있어.

을 공개하는 '고위 공직자 재산 등록'을 실시했어. 또한 지역 주민들이 스스로 대표를 뽑고 함께 지역의 일을 처리하는 제도인 '지방 자치제'도 실시했단다. 김영삼 정부는 '역사 바로 세우기'도 했어. 군사 정변을 일으켜서 정권을 잡고, 많은 국민을 희생시킨 전두환과 노태우에게 법의 심판을 받도록 했지.

그러나 기업에 대한 규제를 풀고 시장을 개방하면서 사업을 무리하게 벌인 기업을 관리하지 못해 '외환 위기'를 맞았어. 외환 위기는 국가 경제에 대한 신뢰가 떨어지자 외국 투자자들이 투자금을 도로 거두어들여 외환 보유액이 바닥나는 현상이야. 결국 1997년 우리나라는 나라 살림이 어려워져 국제 통화 기금(IMF)에서 돈을 빌려야 했어.

국제 통화 기금(IMF) 세계 무역의 안정을 위해 설립된 국제 금융 기구

외환 위기로 나라 경제는 큰 위기를 맞았어. 많은 회사가 문을 닫고 외국 자본이 한국 기업을 헐값에 사들이면서 사람들이 일자리를 잃었지. 또, 비정규직 노동자가 늘어나고 노동자를 쉽게 해고할 수 있게 되었어.

이렇게 어려운 상황에서도 우리 국민은 나라 경제를 살리기 위해 '금 모으기 운동'을 펼쳤단다. 금을 모아서 국제 통화 기금에서 빌린 돈을 갚자고 한 거야. 많은 사람이 금 모으기 운동에 참여했지.

금 모으기 운동

김대중 대통령 취임식

1998년에는 김대중이 제15대 대통령에 취임했어. 김대중 정부는 어려운 경제 위기를 극복하기 위해 온 힘을 쏟았어. 마침내 3년 만에 국제 통화 기금에서 빌린 돈을 모두 갚았지.

김대중 정부는 북한과 화해하고 협력하는 정책을 펼쳤어. 이 정책을 '햇볕 정책'이라고 해. 햇볕 정책은 차가웠던 남북 관계에 큰 변화를 불러왔어. 김대중은 한반도의 평화에 기여한 공로로, 2000년에 '노벨 평화상'을 수상했단다.

김대중 정부의 뒤를 이어 2003년에는 노무현이 제16대 대통령이 됐어. 노무현 정부는 '국민과 함께하는 민주주의'를 내세웠지. 권위주의에서 벗어나 국민과 소통하며 정부를 운영한 거야. 그러면서 김대중 정부의 대북 정책을 이어받아 한반도 평화를 위해 힘썼어.

우리나라 최초의 노벨 평화상이네요.

그런데 쌤! 대통령은 얼마 동안 할 수 있어요?

우리나라에서는 5년 동안 할 수 있지. 한 사람이 권력을 오래 잡는 걸 막기 위해서야.

2008년에는 이명박이 제17대 대통령이 됐어. 이명박은 '4대강 사업'을 벌였지. 물 자원을 효과적으로 이용하겠다며 한강, 낙동강, 금강, 영산강 유역을 개발한 거야. 하지만 지나친 관리 비용, 수질 악화 등 효과에 대한 논란이 있어. 또, 이명박 정부 때 한·미 자유 무역 협정(FTA)이 체결되었어. 자유 무역 협정이란 국가와 국가가 무역할 때 세금을 낮추거나 없애기로 약속하는 거란다.

2013년 제18대 대통령은 박근혜가 됐어. 그러나 특정인의 이익을 위해 대통령의 권한을 함부로 행사한 사실이 드러나 파면당하고 말아.

2017년에 치러진 선거에서 문재인이 제19대 대통령에 당선됐지.

촛불 집회 서울 광화문 광장에서 박근혜의 탄핵을 요구하는 모습이야.

대한민국은 민주 공화국이다.

대한민국의 주권은 국민에게 있고, 모든 권력은 국민으로부터 나온다!

헌법 제1조 1항과 2항이구나.

핵심 콕콕 역사 퀴즈

○ 각 정부와 그에 대한 설명으로 맞는 것끼리 서로 연결해 보세요.

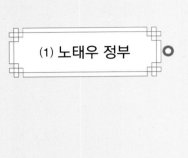

(1) 노태우 정부

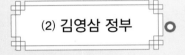

(2) 김영삼 정부

(3) 김대중 정부

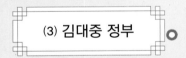

(4) 노무현 정부

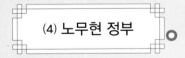

(5) 이명박 정부

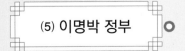

㉠ 물 자원을 효과적으로 이용하겠다며, '4대강 사업'을 벌였고, 한·미 자유 무역 협정(FTA)을 체결했다.

㉡ '국민과 함께하는 민주주의'를 내세웠으며, 김대중 정부의 대북정책을 이어받아 한반도 평화를 위해 힘썼다.

㉢ 금융 실명제, 고위 공직자 재산 등록 등을 실시했고, 외환 보유액을 제대로 관리하지 못해 나라 경제가 위태로워졌다.

㉣ 경제 위기를 극복하기 위해 애썼으며, 북한과 화해하고 협력하기 위해 '햇볕정책'을 펼쳤다.

㉤ '서울 올림픽 대회'를 열었으며, 소련, 중국 등 사회주의 국가와 다시 외교 관계를 맺었다.

서술·논술 완벽 대비

① 국민의 손으로 직접 대통령을 뽑으면서 일어난 변화는 무엇인지 써 보세요.

제13대 노태우   제14대 김영삼   제15대 김대중
제16대 노무현   제17대 이명박   제18대 박근혜

국민의 손으로 뽑은
대통령들이야.

② 외환 위기로 발생한 문제점은 무엇인지 써 보세요.

통일을 위한 노력

그런데 북한에 대한 정책 이름을 왜 햇볕 정책이라고 했어요?

6·25 전쟁 이후 북한과 어떻게 지냈는지도 알고 싶어요.

그럼 오늘은 통일에 관한 이야기를 들려줘야겠구나.

6·25 전쟁 이후, 남한과 북한의 관계는 오래도록 좋지 못했어. 남북 관계가 달라지기 시작한 건 앞에서 이야기했던 냉전 시대가 막을 내리면서부터란다. 남북 관계는 서서히 달라졌어. 1990년이 되어서야 남한과 북한의 총리가 처음 만나 회담을 갖게 됐지.

그 결과, 1991년에 남한과 북한은 동시에 국제 연합(UN)에 가입했어. 이는 남과 북이 서로를 국가로 인정했기 때문에 가능한 일이었지. 이때 남한과 북한은 최고 지도자가 만나는 '정상 회담'을 갖기로 약속했어. 그러나 북한의 김일성 주석이 갑자기 사망하면서 남북 정상 회담은 이루어지지 못했지.

정상 한 나라의 최고 우두머리

그러다 김대중 정부가 들어서면서 남한과 북한의 관계는 크게 달라졌어. 북한에 대한 정책 이름이 왜 햇볕 정책이냐고 물었지? 이솝 우화 중에 해와 바람이 나그네의 외투 벗기기 내기를

공동 경비 구역(JSA) 남한과 북한이 공동으로 경비하는 비무장 지대의 군사 분계선에 설치한 특수 지역이야.

금강산 관광(2005년) 남한 사람들이 새해를 맞아 북한에 있는 금강산 천선대에 오르며 관광을 즐기고 있어.

제1차 남북 정상 회담(2000년 6월) 김대중 대통령(왼쪽)과 김정일 국방 위원장(오른쪽)이 평양에서 만났어.

하는 이야기가 있어. 먼저 바람이 매서운 찬바람을 보내자, 나그네는 외투를 꼭꼭 여며. 다음에 해가 따스한 햇볕을 보내자, 나그네가 스스로 외투를 벗지. 이처럼 햇볕 정책은 북한을 따스하게 대해서 교류를 이끌어 내는 정책인 거야.

이즈음에는 민간 차원의 교류도 이루어졌어. 1998년에는 정주영 명예 회장이 두 번에 걸쳐 소 1001마리를 트럭에 싣고 북한으로 가서 주기도 했어. 같은 해 11월에는 '금강산 관광 사업'이 시작됐지.

2000년에는 마침내 첫 번째 '남북 정상 회담'이 이루어졌어. 김대중 대통령이 평양을 방문해서 김정일 국방위원장을 만났단다. 김대중과 김정일은 함께 통일을 위해 노력하기로 약속하고 '6·15 남북 공동 선언'을 발표했어.

제2차 남북 정상 회담(2007년 10월) 노무현 대통령(왼쪽)과 김정일 국방위원장(오른쪽)이 평양에서 만나 손을 잡고 있어.

2004년에는 '개성 공단'이 건설됐어. 북한의 개성 지역에 남한 공장을 세운 거란다. 이곳에서 북한 사람도 함께 일하게 됐지.

2007년에는 '제2차 남북 정상 회담'이 열렸어. 이번에는 노무현 대통령과 김정일 국방위원장이 만났지. 두 정상은 남북한의 통일 문제를 의논하고, 경제 협력도 약속했어.

하지만 남북한의 관계는 또다시 멀어졌어. 북한이 핵 개발과 미사일 발사 실험 등으로 한반도의 평화를 위협했거든. 금강산 관광이 중단되고, 개성 공단도 문을 닫았지. 그러나 2018년, 남한의 문재인 대통령과 북한의 김정은 국무위원장이 판문점에서 만나 손을 잡았어. 다음과 같은 내용이 담긴 '판문점 선언'을 발표했지.

"양 정상은 한반도에 더 이상 전쟁은 없을 것이며 새로운 평화의 시대가 열렸음을 8천만 우리 겨레와 전 세계에 엄숙히 천명하였다."

천명 진리나 사실, 입장 따위를 드러내어 밝힘

판문점 선언(2018년 4월) 문재인 대통령(왼쪽)과 김정은 국무위원장(오른쪽)이 판문점에서 산책하며 대화를 나누고 있어.

남한과 북한의 관계는
나빴다 좋았다 했군요.

근데 꼭 통일을
해야 하나요?

이산가족이라고
들어봤니?

휴전선이 남북을 가로막으면서 그리운 고향에 갈 수 없게 된 사람들, 북쪽에 가족을 두고 온 사람들 말이야. 1985년 첫 이산가족 상봉이 이루어진 이후로 2018년까지 21차례 남과 북의 이산가족이 만났어. 하지만 오랜 세월이 흐르면서 고향과 가족을 그리다 세상을 떠난 사람도 많고, 아직도 헤어진 가족을 만나길 소망하는 사람들도 있어.

통일이 되면 경제적으로 이로운 점도 많아. 남한의 기술력과 자본에 북한의 노동력과 풍부한 자원을 합쳐서 경제를 발전시킬 수 있거든. 또한 남한과 북한은 지금 국방비로 엄청난 돈을 쓰고 있는데, 그 돈을 아낄 수 있지. 하지만 무엇보다 통일을 하면 전쟁의 위협에서 벗어나 평화롭게 살 수 있단다. 6·25 전쟁 같은 민족의 비극을 막을 가장 확실한 방법은 바로 통일이니까. 그리고 누가 뭐래도 우리는 한 민족이잖니.

남북 이산가족 상봉(2003년 2월) 금강산 온정각에서 만난 이산가족이 짧은 만남을 아쉬워하며 서로 손을 내밀고 슬픈 작별 인사를 하고 있어. 버스에 탄 사람들이 북측 가족이야.

핵심 콕콕 역사 퀴즈

○ 다음 글을 읽고, 빈칸에 들어갈 알맞은 말을 글자판에서 골라 써 보세요.

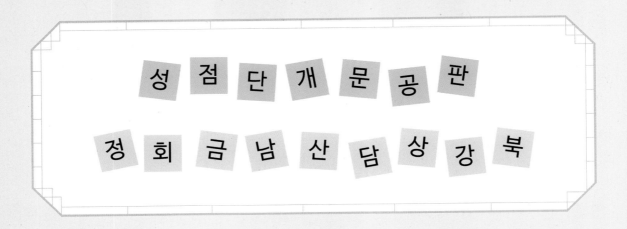

성 점 단 개 문 공 판

정 회 금 남 산 담 상 강 북

(1) 김대중 정부가 햇볕 정책을 펼친 1998년에는 ☐☐☐ 관광 산업이

시작되었다.

(2) 2004년에는 북한의 개성 지역에 남한 공장을 세운 ☐☐☐☐

이/가 건설되었다.

(3) 2007년에는 제2차 ☐☐☐☐☐☐ 이/가 열려,

노무현 대통령과 김정일 국방위원장이 통일 문제를 의논하고 경제 협력을

약속했다.

(4) 2018년에는 남한의 문재인 대통령과 북한의 김정은 국무위원장이 만나

☐☐☐ 선언을 발표했다.

서술·논술 완벽 대비

1 2000년에 이루어진 6·15 남북 공동 선언 이후 남북 관계는 어떻게 달라졌는지 써 보세요.

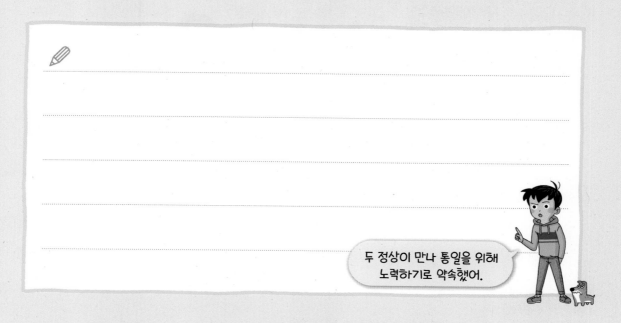

두 정상이 만나 통일을 위해 노력하기로 약속했어.

2 통일을 해야 하는 이유와 통일 방법을 써 보세요.

평화적으로 통일하는 방법은 무엇일까?

우리가 만들어 가야 할 미래

지난 100여 년 동안 참 많은 일이 일어났다는 생각이 들어요.

맞아요. 슬픈 일도 있고, 기쁜 일도 있었어요.

그래. 우리나라는 많은 어려움을 겪었지만 위기를 극복하며 발전했지.

반도체 온도에 따라 전기가 통하기도 하고 안 통하기도 하는 물질로 전자 제품에 중요한 부품으로 사용됨

조선 배를 설계하여 만듦

크게 보면 우리나라의 경제는 놀랍도록 빠르게 성장했어. 1980년대에는 자동차와 정밀 기계 산업, 1990년대부터 컴퓨터와 반도체, 정보 통신 산업이 크게 발달했지. 2000년대 이후에는 생명 기술과 우주 기술 관련 산업도 발전했단다.

이제 우리는 조선과 반도체, 자동차 등의 분야에서 세계 최고의 기술을 가진 나라가 됐어. 또한 정보 통신 기술(IT) 강대국으로 불리게 됐지. 휴대전화와 가전제품 등 여러 물건을 수출하며 2020년에 수출 규모 세계 7위를 기록했단다.

경제가 성장하고 민주화가 이루어지면서 대중문화도 발전했어. 우리나라에서 만든 드라마와 영화, 방송, 음악, 게임 등이 해외에서 인기를 끄는 '한류' 현상이 생겼지. 한류는 1990년대 말에 우리나라 드라마가 중국으로 진출하며 시작됐어. 이어서 영화와 대중가요가 알려졌고, 아시아를 비롯해 유럽과 미국 등에서도 많은 사람의 사랑을 받았지. 이 가운데서 한국 가요는 '케이팝(K-pop)'으로 불리며 세계인의 귀를 사로잡고 있어.

붉은 악마 붉은색 옷을 입고 경기장에서 뜨거운 응원을 보내는 모습이야.

2002년에는 일본과 공동으로 월드컵을 열었어. 이때 붉은 옷을 입고 광화문 광장에 모인 수만 명의 시민이 대한민국 축구팀을 열정적으로 응원하면서도 질서를 잘 지켜 세계인에게 깊은 인상을 남겼지.

그러나 우리 사회는 여러 가지 문제를 겪고 있단다. 현재 우리나라 전체 인구의 약 90%는 도시에 살고 있어. 산업이 발달하면서 사람들이 일자리를 찾아 도시로 몰려들었거든. 이렇게 많은 사람이 모여 살기 때문에 도시에는 주택 부족, 교통 혼잡, 소음 공해, 대기 오염 등 각종 문제가 생겼어. 반면, 농촌은 사람들이 줄어서 심각한 일손 부족 문제를 겪고 있지.

아이를 적게 낳아서 노인 인구의 비율이 높아지는 '저출산 고령화'도 사회 문제야. 저출산 고령화가 계속되면 일할 수 있는 사람이 줄어서 경제가 어려워질 수 있거든. 또 노인을 부양해야 하는 부담도 늘어나지.

부양 혼자 살아갈 능력이 없는 사람의 생활을 돌봄

경제가 성장해서 나라 전체의 소득은 크게 늘었지만, 모두가 잘살게 된 건 아니야. 가난한 사람과 부유한 사람의 경제적 차이가 벌어지는 '빈부 격차'가 갈수록 심해지고 있지. 또, 구슬땀을 흘리며 일하는 노동자가 정당한 대우를 받지 못하는 일도 많아. 임금을 제대로 받지 못하거나, 하루아침에 회사에서 내쫓기거나, 위험한 일을 하다 일터에서 목숨을 잃는 일도 있어.

외국인 근로자와 다문화 가정에 대한 차별도 문제야. 외국인 근로자와 다문화 가정 사람들은 피부색이 다르고, 한국말이 서툴다는 이유로 혹은 가난한 나라에서 왔다는 이유 등으로 차별과 무시를 당하고 있어. 하지만 일손이 부족한 공장과 농촌, 건설 현장에서 외국인

다문화 가정 서로 다른 국적이나 인종, 문화를 가진 남녀가 이룬 가정

근로자는 꼭 필요한 사람들이야. 다문화 가정 사람들도 우리 사회의 당당한 구성원이자 소중한 이웃이지.

여기에 역사 문제도 아직 해결되지 못했어. 일본은 아직도 독도를 자기네 땅이라고 우기고 있잖아. 일제 강점기에 준 피해를 배상하기는커녕, 제대로 된 사과도 안 하고 있지. 그 밖에 민주주의를 더욱 발전시키고, 평화적인 통일을 이루는 것도 우리의 과제란다.

이야기를 하고 보니, 우리나라에는 자랑스러운 일도 많고 해결해야 할 문제도 많구나. 앞으로 우리가 살아갈 대한민국의 미래는 어떻게 될까? 우리가 함께 힘을 모아 우리 사회가 안고 있는 문제를 지혜롭게 해결해서 대한민국 국민 모두 평화롭고 행복하게 살 수 있는 나라로 만들어 보자.

핵심 콕콕 역사 퀴즈

○ 올바른 설명이 쓰인 징검다리에 색칠하며 냇물을 건너가 보세요.

출발!

(2) 1980년대에 우리나라는 컴퓨터와 반도체 산업이 발달했다.

(1) 우리나라의 경제는 매우 빠르게 성장했다.

(3) 현재 우리나라 전체 인구의 약 90%가 농촌에 살고 있다.

(4) 우리나라는 1988년 서울 올림픽을 성공적으로 개최했으며, 많은 국제 스포츠 대회를 열었다.

(5) 우리나라는 지금 정보 통신 기술 강대국으로 불리고 있다.

(6) 도시의 가장 심각한 문제는 일손 부족이다.

(7) 경제 성장으로 인해 우리나라에서 일하는 외국인 근로자가 크게 줄었다.

(8) 한국 가요는 케이팝(K-pop)으로 불리며 세계인을 사로잡고 있다.

(9) 아이를 적게 낳아서 노인 인구의 비율이 높아지는 저출산 고령화가 큰 문제가 되고 있다.

도착!

서술 · 논술 완벽 대비

1 현재 우리나라는 도시와 농촌 문제, 저출산 고령화 문제, 외국인 근로자와 다문화 가정 문제, 역사 문제 등 다양한 문제를 겪고 있어요. 이 중 하나를 골라, 해결할 수 있는 방법을 생각하여 써 보세요.

고령화 문제와 함께 고민해 봐야 해.

음, 저출산 문제가 가장 급한 거 같아.

2 역사를 배우는 이유에 대해 써 보세요.

역사를 배우는 이유는 뭘까?

경제 개발 5개년 계획

1960년대 — 노동력↑ 기술·자본↓ — 경공업 — 옷, 신발, 가발…

1970년대 — 기술 자본↑ — 중공업 — 배, 자동차, 강철…

새마을 운동 — 농촌 환경 UP↑ but 부작용도

그늘
노동자의 피·땀·눈물
- 저임금ㅠㅠ 노동 시간↑ㅠㅠ
- 열악한 노동 환경 에취
- '근로 기준법' 무시ㅠㅠ

전태일 "근로 기준법을 준수하라."

경제 성장

1970~1990년

민주화와 경제 발전 2

군부 독재

민주 항쟁

1979년 12·12 사태 — 전두환

직접 선거 요구, 군부 독재 반대

1980년 5·18 민주화 운동
- 계엄군 — 광주 시민 학살
- 광주 봉쇄 — 신문·방송 보도X
- 의의 — 민주주의 발전 밑거름

1987년
민주화 운동↑ "박종철을 살려내라."
6월 민주 항쟁
이한열의 죽음 — "호헌 철폐, 독재 타도"

직접 선거 발표
6·29 선언

냉전 시대 끝~
소련, 중국과 외교

국제 위상↑
서울 올림픽 대회

김영삼 정부
금융 실명제, 고위 공직자 재산 등록, 지방 자치제, 역사 바로 세우기

철정철정

전두환, 노태우

변화

무리한 사업
외환 보유액 바닥

외환 위기
IMF에서
돈 빌려 옴

결과
비정규직 노동자↑
실직자↑ㅠㅠ

노동자 해고↑
노숙자↑ㅠㅠ

외국 자본↑우리 기업↓

위기

금 모으기 운동
국민 참여

우리가 만들어 갈 미래

통일 정책

민간 교류
확대, 소 1001마리, 금강산 사업

6 · 15 남북공동선언

2000년

김대중 정부
남북 정상 회담(김대중 & 김정일)

햇볕 정책

노벨 평화상

2004년
개성 공단

2007년

노무현 정부
제2차 남북 정상 회담(노무현 & 김정일)

2018년

문재인 정부
판문점 선언(문재인 & 김정은)

이산가족 상봉
1985년 첫 상봉 ~ 2018년까지 21차례

○ 광복 이후 한국의 10대 사건을 정해서 정리해 보세요.

1	2
3	4
5	6
7	8
9	10

○ 대한민국 역사 박물관의 온라인 전시를 보고 보고서를 써 보세요.

온라인 전시 보고서

'대한민국 역사 박물관' 온라인 전시 바로 가기

날짜 :

전시 제목 :

내용 :

알게 된 점 :

느낀 점 :

진짜진짜 한국사 교과서 논술

5권 대한 제국~현대

1주 ◆◆◆◆◆◆◆◆◆ 1일

핵심 콕콕 역사 퀴즈　　16쪽

- ○ (1) 외교권 (2) 을사오적 (3) 통감부
  (4) 특사

○ (1) 을사늑약에는 대한 제국이 일제에 외교권을 내준다는 내용이 담겨 있습니다.

(2) 사람들은 자기의 이익과 권세를 위해 을사늑약에 찬성한 다섯 대신을 을사오적이라고 불렀습니다.

(3) 을사늑약을 맺은 일제는 대한 제국의 정치에 간섭하기 위해 수도 한성에 통감부라는 관청을 설치했습니다.

(4) 고종 황제는 을사늑약이 일제의 강압에 의해 부당하게 맺어진 조약이라는 사실을 전 세계에 알리기 위해 네덜란드 헤이그로 특사를 보냈습니다.

서술·논술 완벽 대비　　17쪽

❶ 이토 히로부미가 조약을 맺자고 강요했으나 고종 황제는 이를 단호히 거절했습니다. 그런데도 이토 히로부미는 대한 제국의 대신들을 위협해 강제로 조약을 맺었습니다. 따라서 을사늑약은 정상적으로 맺어진 조약으로 볼 수 없습니다.

❷ 고종 황제는 을사늑약이 일제의 강압에 의해 부당하게 맺어진 조약이라는 사실을 전 세계에 알리기 위해 네덜란드 헤이그로 특사를 보냈습니다. 이 무렵 헤이그에서는 만국 평화 회의가 열려서 세계 여러 나라의 외교관이 모여 있었기 때문입니다. 을사늑약의 부당함을 어떻게 알리면 좋을지 생각해서 써 보세요.

1주 ◆◆◆◆◆◆◆◆◆ 2일

핵심 콕콕 역사 퀴즈　　22쪽

- ○ (1) ○ (2) ✕ (3) ✕ (4) ○ (5) ✕ (6) ○

○ (2) 신돌석은 평민 출신 의병장이었습니다.

(3) 대한 제국의 군대가 해산되자 의병 항쟁은 더욱 거세졌으며 해산당한 대한 제국의 군인들도 의병이 되어 일제에 맞섰습니다.

(5) 13도 창의군은 수도에서 일본군을 몰아내기 위한 서울 진공 작전을 펼쳤으나, 막강한 무기로 무장한 일본군의 반격으로 뜻을 이루지 못했습니다.

서술·논술 완벽 대비　　23쪽

❶ 을사늑약이 체결되자 나라 곳곳에서 의병이 일어났는데, 이들을 '을사의병'이라고 합니다. 의병들은 을사늑약을 당장 무효로 하라며 일본군과 맞서 싸웠습니다. 을사의병 가운데에는 농민도 많았으며, 신돌석 같은 평민 출신 의병장도 있었습니다.

❷ 이토 히로부미는 을사늑약을 강제로 맺게 하고, 통감부의 우두머리로 있으면서 대한 제국 침략에 앞장선 인물입니다.
일제는 을사늑약에 항의하는 우리 국민들을 무참히 학살하고, 대한 제국을 집어삼키려고 했습니다.
이러한 내용을 생각해, 자신이라면 일본 재판관의 물음에 어떻게 답할지 써 보세요.

핵심 콕콕 역사 퀴즈　28쪽

● (1) ○　(2) ○　(3) ×　(4) ○　(5) ×

● 우리 정부가 일본에 진 빚을 국민이 대신 갚자는 운동은 국채 보상 운동입니다. 국채 보상 운동은 일제의 방해로 중단되고 말았습니다.

서술·논술 완벽 대비　29쪽

❶ 애국 계몽 운동은 나라를 사랑하는 마음으로, 실력을 길러서 일본을 물리치자는 운동입니다. 이승훈, 안창호와 같은 지식인들이 중심이 되어 일어난 독립 운동으로, 민족의 실력을 기르기 위해 곳곳에 학교를 세워 학생들을 가르치기도 했습니다.

❷ 국채 보상 운동
국채 보상 운동은 우리 정부가 일본에 진 빚을 국민이 대신 갚자는 운동입니다. 1907년에 대구에서 시작되어 전국으로 퍼져 나갔으며, 많은 사람이 국채 보상 운동에 참여했습니다.

핵심 콕콕 역사 퀴즈　34쪽

● (1) 한일 병합 조약　(2) 조선 총독부
(3) 무단 통치　(4) 토지 조사 사업

● (1) 한일 병합 조약에는 대한 제국의 모든 통치권을 일본에 넘긴다는 내용이 들어 있었습니다.

(2) 일제는 식민지가 된 조선을 지배하기 위해 통감부를 없애고 조선 총독부를 세웠습니다.

(3) 일제는 우리나라를 무력으로 지배하는 무단 통치를 시작했습니다.

(4) 일제는 토지 조사 사업을 실시해서 기록에 빠져 있던 땅의 주인을 찾아내어 땅 주인들에게 세금을 거두어 소득을 늘렸습니다.

서술·논술 완벽 대비　35쪽

❶ 오늘날의 경찰은 시민의 재산과 안전을 보호하는 일을 합니다. 재판 없이 시민을 가두거나 형벌을 내릴 수 없지요. 하지만 일제가 만든 헌병 경찰은 재판 없이도 한국인을 가두거나 한국인에게 형벌을 내릴 수 있는 권한을 갖고 있었습니다.

❷ 한일 병합 조약 이후 일제는 우리나라의 소중한 광물 자원이나 수산 자원 등 우리 자원을 본격적으로 수탈하기 시작했습니다. 자원을 쉽고 빠르게 일본으로 실어 가기 위해서 한반도의 사방 끝부분을 대각선으로 꿰뚫는 철도망을 갖춘 것이지요.

1주 ◆◆◆◆◆◆◆◆ 5일

핵심 콕콕 역사 퀴즈 40쪽

○ (1) ○ (2) ○ (3) ○ (4) × (5) ×

○ (4) 안창호는 미국에서 흥사단이라는 단체를 만들어 한국인들의 실력을 기르는 데 앞장섰습니다.

(5) 이회영은 만주로 가서 '신흥 강습소'를 세웠습니다.

서술·논술 완벽 대비 41쪽

❶ 일제의 감시와 통제로 나라 안에서 독립운동을 하는 게 힘들었기 때문입니다. 특히 만주와 연해주는 우리나라와 가깝고, 일제의 토지 조사 사업으로 땅을 빼앗긴 사람들이 많이 옮겨 와 살았습니다. 그래서 이곳에서 독립운동을 하는 경우가 많았습니다.

❷ 신민회는 애국 계몽 운동을 벌이는 한편, 나라 밖에 무관 학교와 독립군 기지를 세우려고 했습니다.

대한 광복회는 무장 투쟁으로 독립을 이룰 계획을 세웠으며, 친일파를 처단하는 활동을 벌였습니다.

안창호는 신민회를 만들어 애국 계몽 운동을 이끌고, 민족 산업을 키우기 위해 도자기 회사를 세웠습니다. 또한 미국에서 흥사단이라는 단체를 만들어 한국인들의 실력을 기르는 데 앞장섰습니다.

이회영은 신민회에서 활동했으며, 우리나라가 식민지가 되자 만주로 가서 신흥 무관 학교를 세워 독립군을 길렀습니다.

이러한 내용을 바탕으로, 독립운동 단체와 독립운동가의 활동 중 자신이 가장 인상 깊게 생각하는 것은 무엇인지를 써 봅니다.

2주 ◆◆◆◆◆◆◆◆ 1일

핵심 콕콕 역사 퀴즈 52쪽

○ (1) → (4) → (7) → (8)

○ (2) 3·1 운동은 전국 방방곡곡으로 퍼졌습니다.

(3) 유관순은 서울에서 일어난 3·1 운동에 참여했습니다.

(5) 만주, 연해주, 미국 등 나라 밖의 한국 사람들도 만세 시위를 벌였습니다.

(6) 1919년 4월 1일 천안의 아우내 장터에서 만세 운동이 일어났습니다.

(9) 일제는 나라 곳곳에서 벌어진 만세 시위를 무력으로 진압했습니다.

(10) 일제의 무자비한 탄압으로 우리나라는 3·1 운동으로 독립을 이루지는 못했습니다.

서술·논술 완벽 대비 53쪽

❶ 지도에 있는 빨간색 점은 3·1 운동의 주요 봉기 지역을 나타낸 것입니다. 우리나라 지도 곳곳에 셀 수 없이 많은 점이 있는 것으로 미루어, 3·1 운동이 전국적으로 벌어졌음을 알 수 있습니다.

❷ 3·1 운동이 벌어질 당시 유관순은 이화 학당에 다니는 학생이었습니다. 서울에서 만세 운동이 벌어지자, 유관순도 친구들과 함께 참여했지요. 그러다 고향으로 돌아가 1919년 4월 1일에 천안 아우내 장터에서 만세 운동을 이끌었습니다. 유관순은 이 일로 감옥에 갇혔지만, 그곳에서도 대한 독립 만세를 외쳤습니다.

이런 내용을 바탕으로, 유관순 열사를 소개하는 글을 써 봅니다.

핵심 콕콕 역사 퀴즈   58쪽

● (1) ○ (2) ○ (3) × (4) ○ (5) ○ (6) ×

● (3) 대한민국 임시 정부는 다른 나라와 외교 활동을 벌였습니다.

(6) 독립군이 일본군과 싸워서 처음 이긴 전투는 봉오동 전투입니다.

서술 · 논술 완벽 대비   59쪽

❶ 대한민국 임시 정부는 독립운동을 이끌었습니다. 비밀 연락망을 만들어서 국내의 독립운동가들과 연락을 주고받고, 독립운동에 필요한 자금을 모았습니다. 다른 나라와 외교 활동도 벌였습니다. 또한 대한민국 임시 정부는 헌법을 만들었습니다.

❷ 봉오동 전투 결과: 봉오동 전투에서 독립군은 일본군과 싸워 큰 승리를 거두었습니다.

청산리 대첩 전투 결과: 6일 동안 10여 차례 싸운 결과, 독립군이 일본군을 무찌르며 큰 승리를 거두었습니다.

봉오동 전투와 청산리 대첩 의미: 봉오동 전투와 청산리 대첩은 일제의 지배로 힘들어 하던 우리 민족에게 용기를 주었으며, 일제와 싸워 이길 수 있다는 희망도 주었습니다.

핵심 콕콕 역사 퀴즈   64쪽

● (1) 산미 증식 계획 (2) 문화 통치
　(3) 물산 장려 운동

● (1) 산미 증식 계획은 '쌀 생산량을 늘리기 위한 계획'이라는 뜻으로, 1920년부터 일제가 우리나라를 쌀 공급처로 삼기 위해 실시한 정책입니다.

(2) 문화 통치는 1920년부터 일제가 우리나라를 다스리는 방법을 바꾸겠다며 내세운 새로운 통치 방법입니다.

(3) 물산 장려 운동은 우리 민족이 만든 물건을 사용해서 우리 기업을 살리고, 일제의 경제적 수탈에 항거하기 위한 운동입니다.

서술 · 논술 완벽 대비   65쪽

❶ 일제는 우리 농민이 땀을 흘리며 기른 곡식을 일본으로 실어 갔습니다. 늘어난 쌀 생산량보다 훨씬 많은 양을 가져갔기 때문에 우리가 먹을 곡식의 양이 줄었습니다. 그래서 우리나라 사람들의 생활 형편은 더욱 어려워졌어요.

❷ 겉으로 내세운 정책 :
헌병 경찰 제도를 없애고 보통 경찰 제도를 실시했습니다. 그동안 금지했던 언론과 출판, 집회의 자유도 일부 허가했습니다.

실제로 한 일 :
경찰의 수를 세 배 이상 늘리고, 독립운동을 막기 위해 치안 유지법이라는 새로운 법을 만들었습니다. 신문을 펴낼 수 있게 했지만, 기사 내용을 철저히 검열했습니다. 집회도 일제의 식민 지배를 인정하는 단체만 할 수 있게 했습니다.

2주 ◈◈◈◈◈◈◈◈◈ 4일

핵심 콕콕 역사 퀴즈   70쪽

- ⚫ (1) ○ (2) × (3) ○ (4) ○

⚫ 신간회는 민족주의 단체와 사회주의 단체가 손을 잡고 만든, 최대 규모의 항일 단체입니다.

서술·논술 완벽 대비   71쪽

⚫ 이 일화는 윤봉길 의사가 훙커우 공원에서 일본 관리들을 향해 폭탄을 던지기 한 시간 전에 있었던 일입니다. 당시 윤봉길 의사의 마음가짐이 어떠했는지 잘 나타나 있지요. 윤봉길은 도시락 폭탄과 물통 폭탄, 2개를 준비해 갔습니다. 도시락 폭탄은 물통 폭탄이 불발했을 때를 대비한 예비용 폭탄이거나 의거가 끝난 뒤 스스로 목숨을 끊기 위해 준비한 것이었죠. 독립을 위해 죽음을 각오하는 게 어떤 마음인지 생각해 보세요. 폭탄을 던진 윤봉길은 그 자리에서 붙잡혔고, 일제로부터 사형 선고를 받았습니다.
이러한 내용을 떠올리며 자신의 생각과 느낌을 써 보세요.

2주 ◈◈◈◈◈◈◈◈◈ 5일

핵심 콕콕 역사 퀴즈   76쪽

- ⚫ ① 황국 신민화 정책 ② 중일 전쟁
  ③ 신사 참배 ④ 태평양 전쟁 ⑤ 내선일체

⚫ ① 황국 신민화 정책은 일제가 한국 사람들을 일본 왕에게 충성하는 백성으로 만들기 위해 펼친 정책입니다.

② 일제는 1937년 중국의 더 많은 땅을 차지하기 위해 중일 전쟁을 일으켰습니다.

③ 신사 참배는 일제가 우리나라 사람들에게 강제로 신사에 참배하도록 강요한 일입니다.

④ 태평양 전쟁은 일본이 미국 하와이 진주만을 기습적으로 공격해 일으킨 전쟁입니다.

⑤ 내선 일체는 '일본과 조선은 하나'라는 뜻으로, 일제가 우리 민족의 정신을 말살하고, 우리나라 사람들을 착취하기 위해 만들어 낸 구호입니다.

서술·논술 완벽 대비   77쪽

❶ 민족 말살 정책이란 우리 민족의 민족정신을 없애려고 벌인 갖가지 일을 말합니다. 일제는 우리나라 사람들이 독립운동을 벌이는 대신, 일본이 벌인 전쟁에 참가해 목숨 걸고 싸우기를 바랐습니다. 그래서 우리 민족의 고유한 정신을 없애 버리고, 한국 사람들이 자신을 일본 사람이라고 생각하게 만들기 위해 민족 말살 정책을 펼친 것입니다.

❷ 일본군 위안부 문제를 해결하려면, 우리의 지속적인 관심과 노력이 필요합니다. 예를 들어, 수요 집회 참석하기, 일본군 '위안부' 피해자를 돕는 단체에 기부하기, 일본군 '위안부'에 관한 사실을 역사책에 정확하게 기록하기, 국제 사회에 일본군 '위안부' 문제 알리기 등 다양한 방법을 실천할 수 있습니다.

핵심 콕콕 역사 퀴즈   88쪽

- ○ (1) ○ (2) × (3) ○ (4) ○ (5) ○

○ (2) 일제의 침략을 비판하는 글을 쓰고 《이순신전》, 《을지문덕전》을 펴낸 사람은 신채호입니다.

서술·논술 완벽 대비   89쪽

❶ 역사 학자이자, 독립운동가인 신채호는 일제의 침략을 비판하는 글을 쓰고 《이순신전》, 《을지문덕전》 같은 책을 펴냈습니다. 또한 우리나라의 역사를 왜곡하는 일본 역사가들의 주장에 반박하기 위해, 1931년부터 신문에 우리나라의 고대 역사를 소개하는 글을 실었습니다.

❷ 일제 강점기 많은 문학가가 독립을 향한 소망을 문학 작품에 담았습니다. 심훈이 일제 강점기에 쓴 시 '그날이 오면'에서 '그날'은 우리나라가 독립하는 날을 뜻합니다.

핵심 콕콕 역사 퀴즈   94쪽

- ○ 4, 2, 3, 1, 6, 5

○ 우리나라가 남북으로 나뉘게 된 과정은 다음과 같습니다. 우리나라는 1945년 8월 15일, 광복을 맞았습니다. → 한반도의 38도선을 경계로 남쪽에는 미군이, 북쪽에는 소련군이 들어왔습니다. → 모스크바 3국 외상 회의에서 한반도에 임시 정부를 세우고, 정부가 들어설 때까지 연합국이 최대 5년간 신탁 통치하기로 결정이 났습니다. → 미국과 소련은 임시 정부를 세우는 문제를 의논하려고 '미소 공동 위원회'를 열었으나 합의하지 못했고, 미국은 우리나라 문제를 국제 연합(UN)에 넘겼습니다. → 국제 연합의 결정에 따라 남한만 선거를 하게 되었습니다. 남한은 1948년 8월 '대한민국 정부'를 수립했습니다. → 북한이 1948년 9월에 정부를 세우고 나라 이름을 '조선 민주주의 인민 공화국'이라고 했습니다.

서술·논술 완벽 대비   95쪽

❶ 당시 미국과 소련은 국가를 운영하는 방식을 두고 팽팽하게 맞서고 있었습니다. 미국은 자본주의, 소련은 사회주의 방식으로 나라를 운영하는 게 옳다고 주장했습니다. 그런데 미국과 소련은 둘 다 제2차 세계 대전에서 승리한 연합국이어서 일본군을 한반도에서 몰아낸다는 이유를 들어 북쪽에는 소련군이 남쪽에는 미군이 들어온 것입니다. 이들은 우리나라를 자기 편으로 끌어들이려고 했습니다.

❷ 김구는 통일 정부를 수립해야 한다고 주장했고, 이승만은 남한만이라도 단독 정부를 세우자고 주장했습니다. 먼저, 김구와 이승만이 왜 그렇게 주장했는지 생각해 봅니다. 그 뒤에 누구의 주장이 적절하다고 생각하는지, 그 까닭은 무엇인지 써 보세요.

3 주 ◈◈◈◈◈◈◈◈◈◈ 3일

핵심 콕콕 역사 퀴즈 100쪽

○ (1) 북한군 (2) 인천 상륙 작전 (3) 중국군
   (4) 정전 협정

○ (1) 1950년 6월 25일, 북한군이 남한을 침공하면서 6·25 전쟁이 일어났습니다.

(2) 국군과 국제 연합군이 인천 상륙 작전을 펼쳐서 북한군에게 빼앗긴 서울을 되찾았습니다.

(3) 중국군이 끼어들어 북한을 돕기 시작했고, 국군과 국제 연합군이 후퇴했습니다.

(4) 1953년에 정전 협정을 맺어 전쟁을 멈추기로 하고 점령하고 있는 땅을 기준으로 휴전선을 정했습니다.

서술·논술 완벽 대비 101쪽

❶ 우리 민족은 남한과 북한으로 나뉘어 서로 다른 정부를 세우고 각각 미국과 소련의 영향을 받았습니다. 미국과 소련의 사이가 나쁜 것처럼, 남한과 북한도 사이가 좋지 못했지요. 서로를 인정하지 않았고, 무력을 사용해서라도 통일을 이뤄야 한다는 주장까지 나왔습니다. 이러한 상황에서 1950년 6월 25일, 북한군이 남한을 공격하며 6·25 전쟁이 일어났습니다.

❷ 6·25 전쟁으로 한반도는 폐허로 변했고, 소중한 문화유산과 역사 자료가 불에 타 버렸습니다. 또한 수많은 사람이 다치거나 목숨을 잃게 되었으며, 10만 명의 아이들이 부모를 잃고 고아가 되었습니다. 피란을 다니느라 가족과 헤어진 사람, 영영 고향으로 돌아가지 못하고 가족을 만날 수 없게 된 사람도 생겼습니다. 6·25 전쟁으로 인해 남한과 북한은 아직도 갈등을 겪고 있습니다.

3 주 ◈◈◈◈◈◈◈◈◈◈ 4일

핵심 콕콕 역사 퀴즈 106쪽

○ (1) ○ (2) ○ (3) × (4) ○ (5) × (6) ○

○ (3) 이승만 정권은 경쟁자가 될 인물이 선거에 나오려고 하자, 간첩 누명을 씌워 감옥에 가두고 사형 선고를 내렸습니다. 또한 선거에서 이기기 위해 갖가지 부정한 방법을 동원했습니다.

(5) 이승만 정부를 비판하는 시위는 마산 이외의 여러 지역에서 일어났습니다.

서술·논술 완벽 대비 107쪽

❶ 이승만이 초대 대통령이 되었을 당시에는 간접 선거로 대통령을 뽑았고, 대통령은 두 번까지 할 수 있었습니다. 그런데 대통령을 뽑는 국회 의원들이 자신을 지지하지 않자, 이승만은 직접 선거로 대통령을 뽑도록 헌법을 바꿔 2대 대통령이 되었습니다. 그 뒤에 다시 헌법을 고쳐 3대 대통령이 되었지요.

❷ 4·19 혁명은 권력을 움켜쥐기 위해 독재와 부정 선거를 저지른 이승만 정권을 국민이 몰아낸 사건입니다.
4·19 혁명의 의의는 국민들이 힘을 합해 부정부패를 저지른 독재 정권을 무너뜨렸으며, 민주주의 질서를 바로잡았다는 데 있습니다.

핵심 콕콕 역사 퀴즈 112쪽

- ◉ (1) ○ (2) × (3) ○ (4) × (5) ○ (6) ○

- ◉ (2) 제5대 대통령이 된 박정희는 이전 정부가 세워 놓았던 경제 개발 5개년 계획을 추진했습니다.

  (4) 박정희는 유신 헌법을 만들어 대통령의 임기를 4년에서 6년으로 늘리고, 대통령의 권한을 강화했습니다.

서술·논술 완벽 대비 113쪽

- ❶ 5·16 군사 정변은 1961년 5월 16일, 박정희를 중심으로 한 군인 세력이 쿠데타를 일으켜 서울의 주요 기관을 점령한 사건을 말합니다.

- ❷ 유신 헌법은 대통령의 권한을 강화해서 독재를 가능하게 만든 헌법입니다. 문제에 나온 유신 헌법의 내용을 하나씩 살펴본 다음, 그 내용이 어떤 문제를 일으킬 수 있을지를 생각하여 답을 써 보세요.

핵심 콕콕 역사 퀴즈 124쪽

- ❶ 경제 개발 5개년 계획
- ❷ 1960년대—(2)—ⓒ   1970년대—(1)—ⓛ
  1970년대—(3)—ⓐ

- ❶ 경제 개발 5개년 계획은 정부가 1962년부터 1981년까지 추진한 정책으로 계획을 5년마다 1차, 2차 나누어 진행했기 때문에 이런 이름이 붙었습니다.

- ❷ 1960년대에는 옷이나 신발, 가발 등 크기에 비해 무게가 가벼운 물건을 생산하는 공업이 발달했습니다. 이런 공업을 경공업이라고 합니다.
  1970년대에는 배, 자동차, 강철, 기계 등 크기에 비해 무게가 무거운 물건을 만드는 공업이 발달했습니다. 이런 공업을 중공업이라고 합니다.
  1970년대에는 농촌의 생활 환경을 더 좋게 바꾸자는 운동을 벌였습니다. 이를 '새마을 운동'이라고 합니다.

서술·논술 완벽 대비 125쪽

- ❶ '한강의 기적'은 6·25 전쟁 이후 이루어진 우리나라의 빠른 경제 성장을 가리키는 말입니다. 하지만 경제 발전을 이루기 위해 수많은 노동자의 희생과 노력이 있었습니다. 적은 임금을 받고 장시간을 노동에 시달렸지요. 근로 기준법을 지키지 않는 공장이 많았고 근로자가 일하는 환경은 열악했습니다.

- ❷ 근로 기준법은 헌법에 의거해 근무 조건의 기준을 정한 법률로, 근로자의 기본 생활을 보장하기 위해 만들어졌습니다.
  근로 기준법을 만든 까닭을 생각하며, 근로 기준법에 어떤 내용이 담겨야 할지 자신의 생각을 써 보세요.

4주 2일

핵심 콕콕 역사 퀴즈　130쪽

❶ (1) ⓒ 12·12사태
(2) ㉠ 5·18 민주화 운동
(3) ⓒ 6월 민주 항쟁

❷ (1) ○　(2) ○

❶ (1) 전두환을 중심으로 한 군인들이 일으킨 정변은 12·12사태입니다.

(2) 광주에서 일어난 대규모 민주화 시위는 5·18 민주화 운동입니다.

(3) 민주화와 국민이 직접 대통령을 뽑도록 헌법 수정을 요구한 운동은 6월 민주 항쟁입니다.

❷ (3) 5·18 민주화 운동 이후 전두환은 대통령이 되었습니다.

(4) 6·29 민주화 선언에서 간접 선거 제도를 직접 선거 제도로 바꾸겠다고 발표했습니다.

서술·논술 완벽 대비　131쪽

❶ 5·18 민주화 운동이란 광주의 많은 시민이 민주주의를 지키기 위해 신군부에 맞선 일을 뜻합니다. 5·18 민주화 운동은 우리나라의 민주주의 발전에 밑거름이 되었습니다. 하지만 전두환은 탱크와 헬리콥터까지 동원해 광주 시민들을 무참히 학살했습니다. 신문이나 방송도 끊어 버리고 광주를 봉쇄했지요. 이러한 상황에서 주먹밥을 시민군에게 건네며 함께한 광주 시민이 되었다고 상상해 보고, 어떤 말을 전하고 싶은지 써 보세요.

❷ 6·29 민주화 선언으로, 간접 선거 제도가 직접 선거 제도로 바뀌었습니다. 이제 국민이 선거를 통해 직접 대통령을 뽑게 된 것입니다.

4주 3일

핵심 콕콕 역사 퀴즈　136쪽

❶ (1) ⓜ　(2) ⓒ　(3) ⓔ　(4) ⓛ　(5) ㉠

❶ (1) 노태우 정부는 '서울 올림픽 대회'를 열었으며, 사회주의 국가와 다시 외교 관계를 맺었습니다.

(2) 김영삼 정부는 금융 실명제, 고위 공직자 재산 등록 등을 실시했습니다. 그러나 외환 보유액을 제대로 관리하지 못해 나라 경제가 위태로워졌습니다.

(3) 김대중 정부는 경제 위기를 극복하기 위해 애썼으며, 북한에 '햇볕 정책'을 펼쳤습니다.

(4) 노무현 정부는 국민과 함께하는 민주주의를 내세웠습니다. 김대중 정부의 대북 정책을 이어받아 한반도 평화를 위해 힘썼습니다.

(5) 이명박 정부는 '4대강 사업'을 벌였고, 한·미 자유 무역 협정(FTA)을 체결했습니다.

서술·논술 완벽 대비　137쪽

❶ 국민이 직접 대통령을 뽑게 되면서 정책에 국민의 의견이 반영되기 시작했습니다. 공직자의 부패를 막기 위한 정책도 실시되어 국민을 위해 일하는 정부의 역할이 분명해졌습니다. 또한 대북 정책에도 변화가 생겨, 국민의 뜻에 맞는 방향으로 전환되었습니다. 대통령의 권한을 함부로 행사한 대통령은 국민이 직접 자리에서 끌어내릴 수 있게 되었습니다.

❷ 우리나라는 기업에 대한 규제를 풀고 시장을 개방하면서 사업을 제대로 관리하지 못해 외환 위기를 맞았습니다. 외환 위기란 국가 경제에 대한 신뢰가 떨어지자 외국 투자자들이 투자금을 일제히 회수하면서 외환 보유액이 바닥나는 현상입니다. 결국 우리나라는 국제 통화 기금(IMF)에서 돈을 빌려야 했습니다. 외환 위기로 나라 경제는 위기를 맞았습니다. 많은 회사가 문을 닫고 사람들이 일자리를 잃고, 비정규직 노동자가 늘어났습니다.

핵심 콕콕 역사 퀴즈   142쪽

⭕ (1) 금강산 (2) 개성 공단 (3) 남북 정상 회담
(4) 판문점

⭕ (1) 김대중 정부가 햇볕 정책을 펼친 1998년에는 금강산 관광 산업이 시작되었습니다.

(2) 2004년에는 북한의 개성 지역에 개성 공단이 건설되었습니다.

(3) 2007년에는 제2차 남북 정상 회담이 열려, 노무현 대통령과 김정일 국방위원장이 통일 문제를 의논하고 경제 협력을 약속했습니다.

(4) 2018년에는 남한의 문재인 대통령과 북한의 김정은 국무위원장이 만나 판문점 선언을 발표했습니다.

서술·논술 완벽 대비   143쪽

❶ 2000년 김대중 대통령이 평양을 방문해서 김정일 국방위원장을 만났습니다. 첫 번째 남북 정상 회담이 이루어진 것이지요. 이 회담에서 두 정상은 남과 북이 통일을 위해 함께 노력할 것을 약속하며 6·15 남북 공동 선언을 발표합니다. 이후 개성 공단이 세워져 남한 기업에 북한 사람이 와서 일할 수 있게 되었습니다. 또한 2차 남북 정상 회담이 열려 통일 문제를 의논하고 경제 협력도 약속했습니다.

❷ 통일이 되면 경제적으로 이로운 점이 많습니다. 남한의 기술력과 자본, 북한의 노동력과 자원을 합칠 수 있으니까요. 또한 국방비를 아껴 다른 분야에 투자할 수도 있습니다. 무엇보다 전쟁의 위협에서 벗어나 평화롭게 살 수 있게 되지요. 그리고 이산가족이 고향을 다시 찾고 가족을 만날 수 있게 됩니다. 이러한 이유를 바탕으로 통일을 어떻게 이루면 좋을지 고민해서 써 보세요.

핵심 콕콕 역사 퀴즈   148쪽

⭕ (1) → (4) → (5) → (8) → (9)

⭕ (2) 1980년대에는 우리나라에서 자동차와 정밀 기계 산업이 발달했습니다. 컴퓨터와 반도체 산업이 발달한 것은 1990년대부터입니다.

(3) 현재 우리나라 전체 인구의 약 90%는 도시에 살고 있습니다.

(6) 일손 부족 문제가 심각한 곳은 농촌입니다.

(7) 경제 성장으로 인해 우리나라에서 일하는 외국인 근로자가 크게 늘었습니다.

서술·논술 완벽 대비   149쪽

❶ 예를 들어, 농촌의 일손 부족 문제는 다양한 농업 기계를 개발해 농사에 적극적으로 이용하는 방법으로 해결을 모색해 볼 수 있습니다. 저출산 문제를 해결하기 위해서는 아이를 기르고 교육하는 데 드는 비용을 지원해 주는 방법이 있습니다. 또 맞벌이 부부가 마음 놓고 아이를 맡길 수 있는 보육 시설을 늘리는 것도 방법입니다.
이처럼 우리 사회가 안고 있는 문제 중 하나를 골라, 해결할 수 있는 방법을 생각해 써 보세요.

❷ 역사를 배우면서 느낀 점과 역사를 공부하면서 달라진 점을 생각해 보세요. 더불어 역사를 배우면 무엇이 좋은지 생각해 보고, 역사를 배우는 이유를 자세하게 써 보세요.

1주

12쪽 을사늑약 경운궁(독립기념관) | 13쪽 덕수궁 중명전(한국학중앙연구원), 을사늑약 체결 기념사진(독립기념관) | 14쪽 민영환(국립중앙박물관) | 15쪽 헤이그 특사(독립기념관) | 18쪽 항일 의병(독립기념관) | 21쪽 안중근(안중근의사기념관) | 26쪽 국채 보상 영수증(국립중앙박물관) | 27쪽 〈황성신문〉·〈대한 매일 신보〉(국립중앙박물관), 베델(배설선생기념사업회) | 30쪽 경복궁 근정전(독립기념관) | 32쪽 일제 토지 측량(민족문제연구소) | 38쪽 안창호(독립기념관) | 39쪽 이회영(우당기념관), 모신나강 소총·마우저 C96 권총(전쟁기념관)

2주

48쪽 고종 황제 장례식(여주박물관) | 49쪽 독립선언서(국립중앙박물관) | 50쪽 덕수궁 만세 시위(독립기념관) | 51쪽 유관순 감시 대상 기록 카드(국사편찬위원회) | 53쪽 유관순 영정 기록화(유관순열사기념관 윤여환) | 54쪽 대한민국 임시 의정원(독립기념관) | 57쪽 청산리 전투 기록화(전쟁기념관) | 62쪽 산미 증식 계획 엽서(국립민속박물관) | 63쪽 물산 장려 운동 광고(위키미디어커먼즈) | 66쪽 순종 장례 행렬(국립민속박물관) | 68쪽 이봉창(독립기념관) | 69쪽 김구와 윤봉길 사진 및 시계(백범김구선생기념사업협회) | 73쪽 평화의 소녀상(클립아트 코리아), 〈끌려감〉(나눔의집·일본군 '위안부' 역사관) | 74쪽 부녀자 일본어 학습(독립기념관) | 75쪽 조선 신궁 신사 참배(독립기념관)

3주

85쪽 신채호(단재신채호선생기념사업회), 《을지문덕》(국립한글박물관) | 86쪽 조선어 학회 단체 사진(독립기념관), 《조선말 큰 사전》(국립중앙박물관) | 87쪽 《하늘과 바람과 별과 시》(국립한글박물관), 한용운 감시 대상 인물 카드(국사편찬위원회), 《님의 침묵》(책과인쇄박물관) | 90쪽 한국광복군(백범김구선생기념사업협회) | 91쪽 해방을 맞이하여 출옥한 독립운동가들(독립기념관) | 92쪽 대한민국 임시정부 환국 기념(백범김구선생기념사업협회) | 93쪽 대한민국 정부 수립 기념식(독립기념관) | 97쪽 원산 피난민(국가기록원) | 98쪽 레드 비치 공격(뉴스뱅크), 백마고지 유엔군(전쟁기념관) | 99쪽 전쟁고아(속초시립박물관) | 102쪽 이승만 이기붕 후보 선전물(중앙선거관리위원회) | 104쪽 김주열 추모 시위(경향신문) | 105쪽 4·19 혁명 시위·수송초등학교 어린이 시위(뉴스뱅크) | 108쪽 장면 총리(경향신문) | 109쪽 베트남 파병 환송회(국가기록원) | 110쪽 3·15 통일 주체 국민 회의(국가기록원) | 111쪽 장발 단속(뉴스뱅크)

4주

120쪽 방직 공장(국가기록원) | 121쪽 새마을 운동 취로 사업장(국가기록원) | 123쪽 평화시장의 전태일(전태일재단), 전태일 동상(위키미디어커먼즈) | 127쪽 5·18 광주 민주화 운동(뉴스뱅크) | 128쪽 박종철 추도 시위(뉴스뱅크) | 129쪽 이한열 장례식(뉴스뱅크) | 132쪽 서울 올림픽 개회식(국가기록원) | 133쪽 지방 자치제 선거·금 모으기 행사(연합뉴스) | 134쪽 김대중 대통령 취임식(김대중도서관) | 135쪽 광화문 촛불 집회(연합뉴스) | 138쪽 비무장지대(위키미디어커먼즈) | 139쪽 금강산 관광(연합뉴스), 2000년 남북 정상 회담(김대중도서관) | 140쪽 2007년 남북 정상 회담·2018년 남북 정상 회담(연합뉴스) | 141쪽 이산가족(연합뉴스) | 145쪽 붉은악마(클립아트코리아)